이위공문대(李衛公問對)

이정 지음 | **강무학** 옮김

이위공문대(李衛公問對)

This Korean edition was published by Jipmoondang in 2025 Seoul, Korea.

이위공문대(李衛公問對)

이정 지음 | **강무학** 옮김

집문당

이위공문대(李衛公問對)

1977년 8월 30일 1판 1쇄
2018년 12월 20일 2판 1쇄
2025년 11월 10일 3판 1쇄

저자 | 이정
역자 | 강무학
발행인 | 임동규
발행처 | **(주)집문당**
등록 | 1971. 3. 23. 제2012-000069호
주소 | 03134 서울시 종로구 돈화문로 82, 5층
전 화 | +82-1811-7567
이메일 | sale@jipmoon.com
홈페이지 | www.jipmoon.com

ISBN 978-89-303-1982-9 03150

가격 15,000원

(주)집문당 이순신돋움체B (저작권자 아산시, 무료글꼴)

서 문

당(唐)나라 태종(太宗)이 돌궐을 평정하고 다시 동방의 고구려를 정벌하기 위하여, 돌궐 평정에 대공을 세운 대장 이정(李靖)과 병사(兵事)에 관하여 문답한 것을 『이위공문대(李衛公問對)』 혹은 『당태종이위공문답』이라 한다.

이 『이위공문대』가 송나라에 이르러서는 무경칠서(武經七書)의 하나로 꼽히는 병서가 되었고, 우리나라도 고려조 이래 이 병서를 도입하여 군사학 도서로 사용했다.

문답 내용을 보면, 태종은 중원의 태공망(太公望) 이래 많은 명장과 명인들의 병서를 해부하여 지정지미(至精至微)에 이르기까지 날카로운 질문을 하였으며, 또 대답한 이정은 중원의 많은 전략가와 병가들의 사적을 종횡무진 파헤치며 아낌없는 비판을 하는 지혜로써 대답하였다.

그러한 까닭에 후세의 군사학자들은, 태종은 한 나라의 황제로서 슬기에 찬 질문을 했고, 또 이정은 그가 무인에 지나지 않지만 천장만구(千章萬句)의 병서를 종횡무진으로 통달하여 질문에 추호도 어긋남이 없는 대답을 했다 하여, 명문명답의 진귀서라 칭송하였다.

태종이 이정과 이 문답을 한 동기는 물론 당나라를 잘 통치하기 위함이었지만, 사실상 그때의 환경을 보면 돌궐도 평정되어 어느 정도 태평기라고 미루어 생각할 수 있다.

물론 병가들이 이른바 태평할 때에 병사를 소홀히 하면 위태로워진다고 하였는데 이것은 방어를 위주로 한 병사책이고, 태종의 병사책은 고구려를 침략하기 위한 병사책이었다.

태종은 고구려를 치기 위하여 막강한 무사와 예리한 병기를 모두 준비해 놓고, 오직 그것을 잘 쓸 용병술을 갖추기 위하여 태종 자신이 이정을 방문하여 노쇠한 이정과 나눈 문답이고 보면, 그것은 곧 고구려를 침략하기 위하여 중원의 많은 병술가의 지정지미한 병술을 배워서 만반의 태세를 갖추고자 함이었다.

그러나 어떤 까닭인지 태종과 이정의 문답에는 고구려의 형세에 대한 기록이 없고, 오직 '연개소문(淵蓋蘇文)은 지병(知兵)'이란 구절 외에는 나오는 것이 없다.

『이위공문대』가 명문명답이라면, 이정은 황제가 친정하려는 자문에 응할 때 마땅히 고구려의 병세를 논하고, 수나라는 어떠한 방법으로 해서 패했다고 했어야 그것이 명장으로서 혹은 충실한 신하로서 본분을 다한 명답일 것이다.

태종이 십만 대군을 이끌고 고구려를 친정(親征)하는 전야에 있었던 이 문답에서 어찌 고구려의 병세는 논외로 하고, 오직 중원의 병가들 예만을 들었을까? 물론 이런 점은 후세의 사관들에 의해서 국가의 체면 혹은 기밀을 요하는 사항이어서 모두 삭제하는 등의 교정을 거쳐서 저술된 것이리라 생각된다.

이런 바탕에서 『이위공문대』를 살펴 연구하면 당시의 고구려 실정을 연구하는 좋은 재료가 될 것으로 믿는다.

1977년 7월

역자

서 장

당 태종

병사를 질문한 당 태종은 이름이 이세민(李世民)이며, 고조 이연(李淵)의 둘째 아들이다.

수나라 말엽에 이연이 태원(太原) 유후(留侯)로 있을 때, 이세민은 돌궐을 평정하는 데 여러 차례 출정한 일이 있었다. 그러다가 수나라가 고구려에 참패하여 무력해지자, 이세민은 고조의 뜻을 어기고 수나라를 쳐서 황제의 자리를 찬탈했다.

이렇게 해서 이연은 황제가 되었고, 큰아들 건성(建成)은 태자가 되었으며, 세민은 진왕이 되었다.

이에 불만을 품은 세민은, 형 건성과 그 동생이 합세하여 자기를 살해하려 한다는 이유로 그 형제를 모두 죽이고, 자신이 황제 자리에 오르고 고조는 은거하고 말았다.

태종은 즉위하자 나라의 모든 문물제도를 혁신하는 한편 정치에 힘을 쏟아 나라의 권위가 크게 떨쳤다.

태종은 다시 이정을 보내서 돌궐을 평정하니, 오랜 세월 북적(北狄)의 침략으로 곤란을 겪던 근심도 없어지고, 당나라는 문자 그대로 태평성세를 누리게 되었다.

당나라 사기에 의하면, 당 태종이 고구려 연개소문을 치기 위하여 친정한 것은 연개소문이 그 임금 영류왕(榮留王)을 죽인 것이 천인 무도하여서라고 했다. 그러나 이세민 자신은 수나라 황제를 죽이고, 또 자기의 육친인 형제를 죽이고 황제가 되었는데, 감히 연개소문을 나무랄 수 있으랴. 하여튼 태종은 십만 대군을 이끌고 요동까지 진출했지만 고구려의 성읍 하나를 빼앗지 못하고 오히려 연개소문에게 참패하여, 그 위신이 크게 추락되고 말았다.

이정(李靖)

이정은 자(字)를 약사(藥師)라 했고, 옹주(雍州) 삼원현(三原縣, 지금의 섬서(陝西)성 함양(咸陽)시 삼원(三原)현 사람으로, 그 시조는 숭의후(崇義候)로서 위의 은주(恩州) 자사(刺史)를 지냈다고 한다.

이정은 그 자태나 용모가 위엄이 있는 풍격을 지녔으며, 어려서부터 문재에 뛰어나 수나라 말에 문과에 급제했고, 그 후 수 양제 아래서 벼슬을 했으며, 수나라가 망한 후 당나라 고조와 태종을 도와서 돌궐을 평정하는 데 큰 공훈을 세운 사람이다.

이정은 이 문답에서도 알 수 있듯이, 장량, 한신, 제갈량 등의 전술을 많이 인용했다.

이정의 대공훈인 돌궐 평정 때 사신 당검이 태종의 친서를 휴대하고 친선을 도모하자고 돌궐로 들어갔다. 돌궐 왕이 황제의 친서를 휴대한 당검을 믿고 그 선후책을 강구할 때, 이정은 만반의 공격준비를 갖추었다가 적이 무방비상태임을 알고 기습하여 돌궐을 평정하였다.

후일 세상에서 이정이 사신 당검을 제물로 삼아 야비한 승리를 거두었다는 소문이 퍼지자, 그는 대의를 위하여 소의를 희생하는 것쯤은 오히려 당연하다고 변명했다.

이 전술은 한신이 제나라를 칠 때, 한 고조의 사신 역이기를 제물로 하여 공격하라는 모사 괴통의 말대로 기습하여, 제나라의 도성을 점령하는 데 성공했던 것과 조금도 다를 바 없다.

또한 이정의 용병술은 제갈량의 진법을 모방한 것으로도 보인다.

이처럼 이정은 문무를 겸전한 모략가이기도 하다. 그러나 이정이 연개소문을 뛰어난 명장으로 알고 있었다는 사실은 병서뿐만이 아니라 중국의 야사를 비롯하여 우리나라에서는 「갓쉰동전」 외에도 많은 작품에서 나타난다.

『이위공문대(李衛公問對)』 상 · 중 · 하의 변(辯)

『이위공문대(李衛公問對)』를 상 · 중 · 하로 나눈 것을 분석해 보면, 그 책략의 상 · 중 · 하를 가리는 것도 아니요, 그렇다고 태종과 이위공이 문답한 날짜의 선후를 구별한 것도 아니다. 다만 문답의 흐름새로 애써 전체의 내용을 상 · 중 · 하로 구분하면, 다소의 차이는 있다.

즉 상편의 문답은 장수들의 교양을 넓히기 위하여 태공망 이래 많은 명장과 충신들의 전사(戰史)를 인용한 병세에 대한 것이며, 중편에서는 용병술의 선능(善能)에 따르는 병세의 변화에 주력한 듯싶다. 그리고 하편은 인사관리에서 장수를 선택하는 문제와 군사의 절제와 민심의 수습 방안을 논했다.

그러나 문답의 내용으로 보아, 처음부터 상 · 중 · 하의 순서와 질서를 가려서 만들 목적으로 문답이 된 것이 아니고, 후세의 사관이나 군사학자들이 편집상의 체제로서 상 · 중 · 하로 구분한 것으로 짐작된다.

차 례

제1편

문대 상

제2편

문대 중

제3편

문대 하

제1편

문대 상

1. 연개소문지병(知兵)

태종이 이렇게 물었다.

"고구려가 여러 차례 신라를 침공했다 하오. 그래서 짐이 사신을 보내어 타일렀으나, 짐의 명을 받아들이지 않아, 지금 이를 치려 하는데, 어떻게 하면 좋겠소?"

이정이 대답했다.

"신이 벌써부터 연개소문에 대하여 탐지한 바 그는 병법에 능하나 자신만을 믿는 자로서, 중국이 자기를 도벌하지 못할 것이라고 생각하는 까닭에 폐하의 대명을 어기는 것 같습니다. 신이 청하건대 3만의 군사를 주신다면 그를 사로잡아 오겠습니다."

태종은 이 말에 의아스러운 표정을 짓고 물었다.

"군사는 적고 길은 먼데, 어떠한 병술로써 고구려를 대하려 하오?"

이정이 대답했다.

"신은 오직 정병정술로 대처하려 합니다."

태종은 더욱 의아스러운 표정을 짓고 물었다.

"지난날 돌궐을 평정할 때는 장군은 기병술을 썼는데, 지금은 정병술을 쓰겠다고 하니 뜻은 무엇이오?"

이정이 태종의 질문에 엄숙한 표정을 짓고, 곰곰이 생각하다가 대답했다.

"옛날에 제갈공명은 맹획을 생포했다가 놓아주기를 일곱 번이나 했습니다. 이것은 다른 방법이 아니옵고, 오직 정병술이었습니다."

❖ 해설

본 절의 문답은 당 태종이 대군을 이끌고 고구려 친정(親征)의 장도에 오르기 직전에 노환으로 와병 중에 있는 명장 이정을 만나 전쟁에 대한 많은 문제를 묻고 답변한 내용이다.

당시에 태종은 돌궐은 평정했으나, 춘추 이래 오랜 숙망이던 동방의 고구려를 침략하는 데 중점을 두었다. 그런 까닭에 태종과 이정의 문답은 그 범위가 광범하여, 태공망 이래 많은 전쟁사와 병법이 언급되었다. 이와 같은 문답도 그 진의를 따지고 분석 평가해 보면, 결국 고구려를 치기 위한 것이라 할 수 있다. 그러고 보면 그 당시 고구려의 병법이나 전쟁술이 얼마나 발전되었으며 막강했던가를 이 문답의 밑바닥에 깔린 것만으로도 능히 짐작할 수 있다.

권모서(權謀書)나 병서 중 『시경(詩經)』과 『서경(書經)』에 못지않게 뛰어난 문장으로 구성된 『삼략(三略)』을 제외하면 그 문장의 구성이 서술체로 되거나 문답식의 형식으로 되어 있다. 따라서 어떠한 사건을 진실대로 묘사하는 서사적인 성격을 지니고 있다. 물론 병서는 불상지기(不祥之器)로서, 만부득이 파괴 내지 살상을 하는 까닭에 시서와 같이 대자연의 진선미를 서정적으로 노래하거나, 통치가들이 『시경』에서 찬양한 진선미의 감정으로 인간의 심성에 옮겨 미화하려는 경서와는 그 본질에서 다르다.

즉 병서는 어디까지나 나와 적의 현실을 그대로 알아서 자신보다 미약한 것 혹은 허점을 공격하여 격파하는 데 그 본질이 있다. 그러한 까닭에 통치가들이 그 형세를 아무리 미화해 놓아도 병략가들은 그 형세의 표면이나 이면까지를 소상하게 알고 허약한 면을 공격하여 적을 공멸하는 것이 병법의 본질이다.

이러한 관점에서 볼 때 이위공의 병법은 그 당시 태종이 공격하려는 고구려의 형세와 중국의 병사형세를 소상하게 서술한 문헌으로 볼 수 있다. 즉 태종과 이정이 고구려를 침략하기 위하여 당시의 형세를 소상하게 기록한 문헌이므로, 『이위공문대』를 분석 검토함으로써 그 시대 고구려의 형세를 연구하는 데 좋은 자료가 될 것이다.

원래 이위공의 병사문답서는 그 당시 태종의 친근 관원들이 기록한 것으로 짐작되는데, 문장의 내용이 병가서로서는 어색한 구절도 있으며, 또 소졸한 구절도 많이 보인다.

그러나 이위공은 어려서부터 문재에 뛰어나 문과에 급제할 정도의 문인이며, 또 그 당시에는 위징(魏徵), 방현령(房玄齡), 두여회(杜如晦), 고사렴(高士廉) 등 많은 학자와 사관들이 있었으니 설마 황제 태종의 문답기록을 함부로 졸렬하게 작성했으리라고는 생각되지 않는다.

그렇다면 고구려가 멸망한 후, 후대의 학자나 사관들이 상대국이었던 고구려가 멸망해 없어진 것을 기화로, 문답을 재정비하여 교정하는 과정에서 일부를 삭제했거나 변조한 까닭에 문장의 흐름이나 연결이 잘못된 것으로 해석할 수 있다.

태종이 이정과 문답한 내용을 보면, 서두에 고구려 침략의 방법을 묻고, 이정은 태종이 고구려 침략을 성공시키기 위하여 피아간의 병세에서 과거 중국의 명장들이 전승한 전사와 병법을 소상하게 설명하였다. 그러한 까닭에 『이위공문대』는 병서라기보다는 오히려 고구려 침략계략서라 할 수 있다.

태종은 고구려가 여러 차례 신라를 침공한다는 구실로, 사농승상(司農丞相) 이현장(里玄奘)을 사신으로 국서를 보냈지만, 고구려에서는 당나라의 사신과 국서를 정중히 받아들이지 않았으니, 대국으로서의 위신이 서지 않았다. 그래서 태종은 이

기회를 이용하여, 대군을 이끌고 친히 정벌하겠다는 결심을 말한 것이다.

본 절에서, 병서에는 "고구려삭침신라 짐견사유(高句麗數侵新羅 朕遣使諭)"라 했지만, 『당서(唐書)』에는 연개소문이 보장왕을 옹립하고, 영류왕 건무를 시살(弑殺)한 것을 천인무도한 소치라 하여 고구려 정벌을 하겠노라고 하였다.

이에 태종은 사신 사농승상 이현장을 보냈는데, 연개소문은 대국의 황제인 당나라 태종의 국서를 황공하게 받들어 들이지 않고, 오히려 사신 이현장을 푸대접했으니, 고구려를 치겠다는 뜻을 굳혔다.

그 당시의 역사 기록을 보면, 고구려는 신라를 침범하기 위해 거병했다는 기록이 없으며, 다만 백제 · 신라 사이에 오랜 동서전쟁(同婿戰爭)의 후유증으로, 국경에서 다소의 충돌사건은 고구려 · 신라 · 백제 등의 본기에 있을 뿐이다. 또 신라의 김춘추가 친선사절로서 고구려를 거쳐서 당나라에 들어간 사실은 있지만, 그렇다고 신라가 고구려와 전쟁을 하고 있던 것도 아니다. 후대의 사가들이 김춘추가 고구려에 친선사절로 갔을 때 죽령지방의 땅을 요구하여 김춘추를 감금했다고 하지만, 이것도 논리상으로 이유가 성립되지 않는다. 고구려의 연개소문이 원수로 여기는 당나라 이현장을 비롯한 고구려에 온 많은 사신을 돌려보냈는데, 어찌 이웃 신라에서 보낸 사신을 감금했겠는가? 그러므로 김춘추를 사신의 예우로서 그대로 돌려보냈다는 것이 당시의 사기로 미루어 필연적인 사실일 것이며, 『당서(唐書)』의 기록이나 우리의 『삼국사기』에 김춘추의 거짓말에 속아서 돌려보냈다는 것은 당나라가 고구려를 도모하기 위하여 타당성을 가장하기 위하여 만든 것을 후대의 사가들이 잘못된 그 기록에 의해서 정세를 판단하다 보니, 당시에 고구려와 신라 간의 국경지대 혹은 외교상 다소 불미스러운 사건이 있었고 이것을 침소봉대하여 두 나라의 불화가 조성된 것처럼 판단했을 것이다.

만일 『이위공문대』에 고구려 연개소문이 영류왕을 시살하여 그 무도한 죄를 다스리겠다는 문장으로 쓴다면 태종의 신상에 해롭기 때문에 그 구절은 빼고 오직 신라 침범 운운으로 출병의 명분을 만들었다고 볼 수 있다.

태종은 원래 이연의 둘째 아들로서 수나라의 신하였다. 그가 왕위에 오르게 된 것은 돌궐의 병권을 빌려 고구려에 패한 수 양제의 대권을 찬탈하여 황제가 된 것이 아니었던가?

그러한 태종이 어찌 연개소문이 임금을 시살했다는 것을 힐책할 수 있으랴! 연개소문은 군왕을 시살했지만 천하의 대의명분만은 세워서, 군왕의 대권은 보장왕에게 이양시켰다. 수나라 신하로서 수나라를 몰아내고 당나라를 세운 당 태종 이세민의 무도한 행적에 비한다면, 연개소문의 행적은 문제도 되지 않는다.

그래서 『이위공문대』에서는 고구려 출정의 이유를 연개소문의 무도함을 응징하기 위함이라고는 기록할 수 없으니, 신라를 끌어들여서 대의명분을 세운 것으로 간주된다. 사실상 어떠한 병서이든 전쟁에서는 대의명분이 서지 않으면 안 된다는 것이 정론이다. 그렇다면 『이위공문대』에서 고구려가 자주 신라를 침략 운운한 것은 고구려가 망한 뒤 후대의 사가들에 의해서 당나라가 동방의 종주국으로 군림하는 대의명분상 그렇게 기록한 것으로 볼 수 있다.

다음에 문제되는 것은 '불봉조(不奉詔)'라는 구절이라 하겠다. 당시의 고당(高唐)전쟁에 대한 『당서(唐書)』의 기록을 보아도, 고구려에 가담한 병세는 돌궐병의 일부와 말갈 등 많은 동맹군으로 편성되었고, 당나라는 열국의 동맹군이 없었던 것을 알 수 있다. 그렇다면 동방 제국의 패권은 고구려가 장악했었지, 당나라가 쥔 것이 아니었다. 그렇다면 당나라 왕의 사신을 고구려가 황제의 사신으로 받들어 받아들이지 않는 것은 당연한 일이다. 한데 태종은 자신의 사신을 받들지 않았다는 이유만으로 어떻게 친정(親征)까지 할 명분이 되겠는가?

이상에서 논한 바와 같이, 태종의 거병은 그 이유가 떳떳하지 못하다.

이러한 물음에 대하여 이정은 "探知蓋蘇文 自恃知兵 謂中國無能討 故違命"으로 대답하고 있다.

이 문답에서는 "자시지병(自恃知兵)"이란 어구가 하나의 속어(俗語)로서는 구성될 수 있지만, 병사를 논하는 술어로서는 맞지 않는 말이다. 무릇 '자시(自恃)'란 말은 자신만을 믿는다는 말이며, '지병(知兵)'이란 말은 병사에 능통하다는 말이다. 병사에 능통하여 병사를 잘 알면 장수의 자격을 논할 때 지장(智將)이라 함이 상례이다. 그런데 이위공이 황제인 태종과의 문답에서 연개소문을 병사에 능통하다는 말도, 또는 지장 혹은 명장이라는 명칭을 안 쓰고, 속칭에 지나지 않는 지병이라고 한 것은 실로 괴이하다.

한나라 이래 중국의 병략가들은 자시의 예증으로, 걸주(桀紂)는 그 재질을 믿고 자시하다가 망했고, 항우는 그 용맹을 자시하다가 멸했다고 하여 본보기로 삼았다. 자시가 강한 장수는 착하고 좋은 말이 눈과 귀에 거슬려 그를 폐하니 결국 아무리 재질이 있거나 용맹이 있어도 끝내는 고립되어 망한다는 뜻이다.

말의 뜻이 그러하니 자시하는 인간에게는 지병 혹은 지장, 명장이란 어구가 해당되지 않는다. 그러므로 항우를 가리켜 명장 혹은 지장이라는 사람은 없다. 아무리 천하의 뛰어난 용맹을 지녔다한들 병사를 몰라 군사를 통솔하지 못하는 자를 어찌 병사를 아는 장수라 할 수 있으랴. 그렇기 때문에 병사를 잘 아는 자는 자시심이 없을 것이며, 전쟁의 승부는 오직 병사를 잘 알고 더불어 막강한 병세를 형성하는 데 달려 있다.

제갈공명도 그의 병서에 이르기를 "귀(貴)하나 교만하지 않고, 이겼으나 자시하지 않는다(貴而不驕 勝而不恃)"고 하여, 자시하지 않으면 이를 가리켜 예장(禮將)인 동시에 병사를 아는 선장이라 했다. 이와 같은 견해로 볼 때, 천하의 명장이요, 군략가인 이정이 그것도 황제와의 문답에서 자시지병이라 한 것은 문장의 구성으로나 또는 병사학의 체계로 해석해도 어색하기 이를 데 없다.

만약에 연개소문 자신이 병서에 능통함만 자시하여 당나라가 감히 침공해 오지 못하리라고 믿어 교만스러웠다면, 당시 태종의 친정군에게 불의의 공격을 받고 참패했어야 이정의 말이 적중된다.

그러나 연개소문은 태종의 친정군을 맞아 싸워서 승리했으며, 태종의 군사는 정예 십만 대군으로 고구려의 요동성, 안시성, 오골성, 백암성, 비사성, 발착수 등 각지에서 참패했으며, 연개소문은 패전하여 도망가는 태종의 당나라 군사를 추격하여 당나라 직례성 동방 4㎞ 지점까지 육박했다.

만일 연개소문이 자시가 있는 장수라면 앞으로는 어떻게 되든 그대로 중원을 석권했을 것이다. 하지만 연개소문은 싸움에 이겼음에도 교만하지 않고 오직 자기 나라의 영토를 보존하고는 회군한 것을 보면 자시심이 있는 장수가 아님을 알 수 있다.

이전의 전사와 고찰해 보면 수 문제 때 병마도원수 강의식(姜以式) 장군이 대승했고, 수 양제 때는 을지문덕 장군이 수 양제의 대군을 전멸시켰다. 연개소문은 이에 버금가는 대승을 했지만 추호도 교만하지 않았으며, 자시심이 없었음을 전사(戰史)가 입증한다.

그러므로 연개소문이 당 태종의 사신이 가지고 온 국서를 받아들이지 않은 것은 오직 당나라가 호시탐탐 동방 제국을 침공하려는 구실에서 신라와 화평 운운하는 것을 미리 알고, 그 계략에 속지 않았음이 태종과의 전쟁에서 잘 드러났다.

그러므로 병서에 이른 대로 흔히 속어로 쓰이는 말, 병사를 좀 안다고 건방지게 자시하지 말라는 따위는 병략가들이 쓰는 문장이나 말이 아니다.

이정이 태종에게 청하기를 "폐하께 신에게 3만의 군사를 주신다면 연개소문을 생포하여 오겠습니다"라고 했다.

태종은 이 말에 의아한 생각이 들어 물었다. "군사는 적고 먼 곳을 출정하는데 어떠한 방략으로 싸우려는가?"

이 물음에 이정이 "정병술(正兵術)을 쓰려고 합니다"라고 하자, 태종은 "지난날 돌궐을 평정할 때는 정병이 아닌 기병술(奇兵術)이었는데, 지금 경의 말은 정병이라니 어떻게 된 것이오?" 하고 재차 물었다.

이에 이정이 말하기를 제갈량이 맹획을 일곱 번 생포한 예를 들어 강조하면서, 그것은 다른 방법이 아닌 오직 정정당당한 정병술이었다고 말하면서, 자신도 제갈량의 계략을 답습하겠다고 장담하였다.

이상에서 말한 것은 병술에 속한다.

그런데 이정이 3만의 군사로 고구려를 치겠다는 기록은 있지만, 어떠한 방법으로 치겠다는 방략이 없다. 물론 병술이란 주장만이 알고 기밀을 요하는 것으로 이정이 자기 외에는 누구에게나 말하지 않는 것은 병가의 상례요 명장들의 기본이다.

그러나 장수는 모든 작전에 대한 기밀을 주장 즉 황제에게는 소상하게 설명해야 된다. 그런데 3만의 군사로 고구려를 정복하겠다는 말 이외에 그에 대한 아무 계략이 없으니, 그 대답은 명장이 황제에게 답변하는 명답이라 할 수 없다. 물론 이때 이정이 노쇠하였고 숙환으로 와병중이어서 실제로는 출정할 수 없고 태종이 친정했던 시기였기에 하나의 구상에 지나지 않는 말이다.

원래 이정은 수나라의 신하여서 수나라가 1백여 만 명의 군사를 이끌고 고구려를 침범했다가 나라까지 망한 사실을 문헌이나 귀로 들은 것이 아니고 실제로 체험하고 눈으로 보아서 누구보다도 잘 아는데, 3만 명의 군사로 연개소문을 생포하겠다는 말은 황당무계하다.

물론 고구려는 후일 고종 때 이정의 예하 장수였던 이적(李

勳)에 의해서 망했으니, 패자가 무슨 말을 할 것인가! 그렇다고 타당성을 내포하지 않은 황당무계한 논리에 어긋나는 궤변으로는 병사를 배울 수 없으니, 당시의 진실을 그대로 아는 것만이 군사학을 배우는 사람의 절실한 요망일진대 아쉬움이 있다.

이러한 바탕에서 고찰해 볼 때, 3만 명의 군사로 고구려를 완전 정복하고 연개소문을 생포하겠다고 한 기록이 이정의 말이었는지 아니면 후대에 병사를 모르는 사관이나 학자들이 병법을 하나의 서정문으로 알고 창작하여 그런 문헌을 만들었는지 알 수는 없다.

이정은 그의 사적이나 『이위공문대』의 내용과 범위로 보아서, 군사학에 능통했던 것으로 보인다. 그렇다면 황제인 태종의 고구려 정벌을 위해 하문에 응한 이 문답에는 신하인 이정이 자신의 역량을 다하여 답변했을 것이다. 즉 3만 명의 군사로 출정한다면, 어떤 방법으로 작전을 전개하여 적군을 정복하겠다는 소상한 설명이 필요한데, 그러한 계획이 국가의 기밀이라 외부에 발표할 수 없어서 당시의 재료는 모두 비장해 두고, 사관들이 이정의 계략과 비슷한 대안으로 만들 수도 있다. 물론 국가 장래의 안위에 관한 사건이라 그럴 수도 있지만, 그러나 후학들에게 가르치는 병사학이란 사실을 알고 진실을 깨우치는 것이 원칙이라는 점에서 아쉬운 생각이 든다.

이정의 말을 들은 태종이 깜짝 놀란 것도 무리는 아니다. 태종도 그가 황제가 되기 이전에는 이정을 따라서 돌궐 원정 때 종군도 했고, 많은 전쟁을 보아왔으며, 또 역전의 경력을 가진 맹장이다. 더구나 돌궐을 평정할 때는 10여 만 명의 대군을 이끌고 오랜 세월을 싸워서 간신히 평정했다. 그런데 고구려는 막강한 나라여서 수십만 대군을 이끌고도 능히 승산이 없었는데, 불과 3만의 정병으로 고구려를 평정할 수 있겠는가?

이런 생각을 한 태종은 다시 물었다. "돌궐을 평정할 때 10만 대군으로도 기병술을 썼는데 지금 경의 말이 정병술이라니 무슨 까닭이오?"

이때 이정이 말하기를 제갈량이 칠금맹획(七擒孟獲)한 것은 다른 방법이 아니라 정병술이었다고 했다.

이정이 정병술로써 싸우겠다는 것은 곧 연개소문과의 싸움에서는 돌궐의 왕 혈리가한(頡利可汗)처럼 속임수로 싸울 수가 없다는 뜻이다.

대체로 당 태종은 돌궐 평정 때 이정의 계략대로 돌궐에 문벌계략을 세워 양분하는 데 성공했다. 즉 돌궐의 왕가는 자신도 모르게 골육상쟁의 분쟁이 생겨서 율엽가한(律葉可汗)은 서돌궐 왕이 되었고, 혈리가한은 동돌궐 왕이 되었다. 이렇게 돌궐이 양분되었을 때 이정은 율엽가한을 앞장 세워 기병술로써 동돌궐을 점령했다.

그런데 고구려의 연개소문은 병법을 잘 알고 전술도 뛰어나 그러한 속임수로는 정복할 수 없으므로 정병술로 싸우지 않으면 안 된다는 뜻이다. 이에 대하여 그는 제갈량의 남만침략의 전쟁사를 예로 들었다. 이 예문에서 이정이 중국의 많은 명장의 전쟁사 중에서 유독 제갈량의 칠금맹획이란 예문을 인용한 것은 고구려 평정이 험난함을 말한 것으로 해석해야 한다.

제갈량은 왜 맹획을 일곱 번씩이나 생포하였다가 놓아 주었는가? 맹획은 병법에 능통하지 못하여 한 번이 아닌 여러 번을 패했지만, 어떻게든 한 번쯤은 이길 수 있다는 요행수를 바랐다. 제갈량은 이와 같이 병사에 무지한 자를 속임수로 일시 생포해봤자 그가 또다시 배반하리라는 것을 잘 알고 있었다. 따라서 제갈량이 처음부터 정병술을 써서 싸우니, 병사에 무지한 맹획이 싸울 때마다 패한 것은 당연한 일이다.

결국 맹획은 모든 생각을 짜내고 힘을 다해 보았지만 결국 항복하고 말았다. 통치술에 이르기를 "싸움을 잘하면 삼군의 대장을 사로잡아 부릴 수는 있으나, 필부의 뜻은 힘으로는 안 되고 오직 진정으로 통하지 않으면 안 된다"는 말을 공명은 잘 이용하였다.

이정이 태종에게 위와 같은 말을 한 것은 고구려를 평정하기 힘듦을 암시한 것으로 볼 수 있다. 실제로 자신은 병중일 뿐 아니라 이미 늙어 출정할 수 없으니 생각뿐이나 제갈량의 뛰어난 전술이면 가능하다는 생각으로 해석된다.

다른 한편으로 생각할 때, 태종이 고구려를 치려는 것을 자신으로서는 막을 길 없으니, 제갈량의 병술로써 연개소문을 일곱 번쯤 생포하면, 그가 진실로 무릎을 꿇고 속국의 맹약을 할지 모르나, 그렇게 쉽사리 항복할 위인이 아님을 암시하는 문헌으로 해석할 수도 있다.

2. 녹각전술(鹿角戰術)

이정이 설명하는 제갈량의 정병술을 듣고 있던 태종은 문득 마릉(馬隆)의 전술이 떠올라서, 그 전법으로 화제를 돌렸다.

"옛날 진(晋)나라 마릉이 울창한 수목에서 선비족을 칠 때, 수만의 군사를 거느리고 험준한 지형에서 항거하는 적을 공략하여 항복을 받았소. 이것도 역시 팔진법에 의한 것이오. 이때 산속의 좁은 길에서는 편상차(偏箱車)를 만들어 이에 의지했으며, 넓은 들에서는 녹각차(鹿角車)의 진영을 만들어 군사들을 그곳에 쉬게 했소. 비좁은 산길에서 편상차에 나무집을 만들거나, 혹은 상자를 차 위에 올려놓고, 이를 방패로 싸워가며 수천 리를 전진하여 선비족을 살상하면서 그 군사들은 드디어 양주를 평정했다 하오."

이정이 이렇게 대답했다.

"신이 돌궐을 평정할 때도 서쪽으로 수천 리 길이라, 정병이 아니고는 어찌 그 멀고 험난한 곳에 도달할 수 있겠습니까? 이것도 모두 편상과 녹각을 이용한 것입니다.

대체로 편상과 녹각의 대요를 말씀드리자면, 첫째로는 군사를 다스리는 데 큰 힘이 됩니다. 그 까닭은 아무리 험준한 산중이라도 편상이나 녹각의 편의가 있어서, 군사들이 항상 녹각이나 편상에 의지하여 떠나지 않으므로, 군사들이 도망을 가거나 흩어지는 일이 없어서 통솔하기가 좋습니다.

둘째로는 전진할 때도 군사들이 편상차나 녹각차에 의지하는 까닭에, 적군의 웬만한 공격에도 상하지 않고 전진할 수 있습니다.

셋째로는 군사들이 항상 편상차와 녹각차에 의지하여 대오를 떠나지 않기 때문에 대오의 결속에 좋습니다.

이런 세 가지를 서로 교체하여 이용한 것이 마륭이 썼던 옛 법의 심오한 바를 얻어서 쓴 것입니다."

❖ 해설

이상의 문답에서 태종은 고구려를 원정하는 데 어떤 방법을 써야 좋을지 몰라서, 옛날 마륭이 선비족을 공략한 전사를 예로 들었다.

선비족은 우리 민족과 같은 시조를 모시는 부족으로, 고조선이 혼란해져서 분열되자 요동 일대에서 중국의 흥안령, 음산 산맥을 중심으로 부족을 이루고 그 세력이 강대했으며, 한족이 침략해 왔을 때 이에 대항하여 싸운 민족이다.

춘추시대 때 공자도 동방의 민족을 구이족이라 일컬었다.

태종이 진의 마륭이 선비족을 공략한 사실을 그 역사적 예증으로 인용한 것은, 고구려의 병법도 선비족과 같으니, 마륭이 양주를 평정한 사실을 들어서 고구려 침공에 도움이 될 것임을 촉구한 것이다. 더구나 이정은 고구려와 동맹국이던 돌궐을 평정한 전승기록이 있는 명장이다.

그러므로 태종은 이정이 돌궐 평정 때의 작전계략에서 기병술로 싸웠다고 생각했는데, 뜻밖에도 이정은 자신의 돌궐 평정은 기병술이 아닌 정병술로 싸워서 승리했다고 하였다. 태종으로서는 그렇다면 옛날 전사에 있는 마륭이 정병술로 선비족을 평정한 사실을 상기하여 이정의 돌궐 평정과 대비하여 본 구절이라 하겠다.

그런데 태종이 이정에게 돌궐을 평정할 때 기병술로 성공을 거둔 것이 아니냐고 질문한 것은 그럴 만한 이유가 있다. 그것은 수나라 문제 때부터 고구려가 동방에서 패권을 잡고 있어서 돌궐 · 동호족 · 말갈 · 신라 · 백제 등 많은 동맹국을 거느리고 있었다. 그러므로 수나라와 고구려가 싸울 때 모든 열국은 고구려의 동맹국이었다. 그리하여 수나라는 문제 이래로 배구(裵矩) 등이 돌궐 · 말갈 · 고구려 등을 평정하려 여러 차례 출병을 했으나, 패전을 거듭했다.

그래서 이정은 고구려를 공벌하는 전초전으로 먼저 돌궐을 권모로 분열시켜 놓고 내부에 혼란이 있을 때 총공격할 것을 진언했다.

이와 같은 계략은 고조와 태종의 윤허를 얻어서 진행되었다. 즉 서돌궐의 율업가한 왕을 지원하여, 그가 선봉을 서게 하여 동돌궐로 천도한 혈리가한 왕을 위계로써 공벌했다.

지난날의 이러한 실정을 잘 아는 태종이 이정에게 기병술로 돌궐을 평정하지 않았느냐고 물은 것은 당연하다. 그러나 이정은 원래 명장이라 실제로는 기병술로 평정했을지라도 자신의 체면은 물론 황제의 권위를 생각해서라도 기병술 즉 속임수로 이웃인 돌궐을 평정했다는 말을 할 수가 없을 것이다. 또 그러한 위계로 이웃을 침략했다는 사실을 후학들에게 어떻게 가르치느냐는 배려 때문일 것이다.

3. 기교술

❖ 해설

이정은 진나라 마릉의 녹각전술(鹿角戰術)을 정병술이라 설명하며 대의명분을 세우는 동시에 기교(技巧)면을 강조하였다.

병가에서는 권모, 형세, 음양과 더불어서 기교가 우수해야 된다.

이 네 가지의 형태를 가리켜 병가에서는 사종지술(四種之術)이라 하며, 장수가 사종술에 능숙하지 못하면 대장이 될 수 없었다.

현대 국가에서 군이라 하면 우선 육 · 해 · 공군이 있으며, 그 군 내에서는 고도의 기술을 필요로 하는 직종이 있어서, 자신의 기능에 따라 그 분야에만 능통하면 다른 부분은 몰라도 장군이 될 수 있고, 통솔하는 행정을 교육받으면 얼마든지 승진할 수 있다.

그러나 고대의 장수는 문장에도 능통해야 하고, 공병술도 잘 알고 또 잘 운영할 줄 알아야 했다. 그러므로 네 가지 기능을 동일하게 취급해 왔다.

이정은 앞의 예문에서 마릉의 실전담을 설명하여, 앞으로 고구려를 공략할 때는 기병술로 싸우다가는 실패할 것이라고 경고를 하면서 동시에 고구려는 녹각전술이 많이 발달된 나라이기 때문에 그 대비책을 강구하라고 충언을 하였다.

태종은 이정의 충언을 받아들여 고구려 원정 때는 기교 즉 공병에 해당되는 비루(飛樓), 비석포(飛石砲) 등 많은 병장기를 제작하여 투입했다.

당 태종이 안시성에서 연개소문과 싸울 때 쓴 비석포는 원래 녹각전술에 필요했던 무기여서 성읍을 공략할 때 축성의 벽은 깨뜨릴 수 있지만, 그 외에는 크게 효과를 보지 못했다. 즉 사슴의 무리가 맹수의 공격을 받을 때 노쇠한 무리와 새끼 사슴을 모두 중앙에 집결시켜 놓고 많은 사슴의 무리가 그 주위를 둘러싸고 뿔을 밖으로 향하여 결사적으로 방어할 때는 아무리 강대한 맹수도 당할 도리가 없다.

이처럼 평탄하고 넓은 지형에서 편상차로 녹각진을 치면 외부에서는 공격하기가 대단히 곤란하다. 녹각진에 숨은 군사는 상자로 방어가 되면서 화살로 상대편을 공격하니 상대편에서는 녹각진에서 쏘아대는 화살을 막을 길이 없다.

그러나 비석포란 기구로 큰 돌을 중앙을 향하여 날리고, 또 화전(火箭)을 쏘아대면 녹각진도 혼란하게 된다. 이러한 계략에 따라 많은 재화를 소비하여 만든 태종의 공병은 결국 안시성 하나를 점령하지 못했고, 태종은 양만춘 장군의 화살에 눈을 맞아서 애꾸눈이 되었다.

4. 권모책

❖ 해설

태종이 이정에게 돌궐을 칠 때 기병술을 쓴 것이 아니냐는 질문에 이정이 기병이 아니라 정병술이라고 답변한 것은, 황제의 명분을 생각해서라고 앞에서 얘기했지만, 동시에 형세를 강화하려는 권모책이 포함된 답변이다.

만약에 이정이 태종에게 대답할 때, 고구려가 막강하니 태종께서 아무리 대군을 이끌고 출정해도 참패할 터이니 그만 두라는 말은 할 수 없는 것이 신하인 이정의 도리가 아니겠는가? 그리하여 이정은 어차피 출정할 바엔 병사의 형세를 강화하여 출정케 하는 것이 상책이라 생각하였다. 이것은 병가들의 권모에 속한다. 아무리 황제와의 문답이라 하지만 그 기록이 황문시랑들에 의해서 서책으로 후세에 남아서 많은 사람들의 귀감이 될 것을 생각할 때, 그 이상의 답변은 할 수 없었을 것이다.

원래 권모란 병세로 적을 기만하는 수도 있지만, 대장이나 장수가 자신의 진실한 사실을 적이 눈치 채지 못하게 언어나 행동으로 얼마든지 술책을 쓸 수 있다. 예를 들면 당나라의 대군은 정병술로 고구려와 정정당당하게 싸운다고 선언해 놓고, 은밀히 사신을 보내 친선을 도모하면서 한편으로는 고구려의 후방을 교란하거나 혹은 신라와 고구려를 싸우게 해 놓고는 그 틈을 이용해서 고구려를 공격하는 것도 하나의 권모에 속한다.

그러므로 태종과 이정의 문답에도 이러한 권모는 은연중에 깔려 있다고 해석할 수 있다.

5. 정병과 기병의 한계

태종이 이정에게 물었다.

"짐이 수나라의 송노생을 격파할 때의 일이었소. 교전 초에는 우리 의병의 군사가 다소 퇴각했지만, 짐은 친히 철갑을 한 기마병을 이끌고 남원에서 달려와 공격해 오는 노생군의 후방을 단절하고 측면으로 돌진해서 크게 격파했소. 그래서 노생을 생금하였는데 이것은 과연 정병이오? 혹은 기병이오?"

이정이 대답했다.

"폐하께서는 천성으로 타고난 성무(聖武)를 지녔기 때문에 배우지 않고도 급할 때는 능히 슬기를 나타내십니다. 신이 병법으로 헤아려 보건대, 황제(黃帝) 이래로 먼저 정병으로 공격하고, 형세에 따라서 기습 공격하는 것은 그 후에 행하는 것이라 생각합니다. 이것은 먼저 어질고 의로움을 앞세우고, 그것이 안 될 때 권모를 써서 위계를 행하는 것이 아닙니까? 그런데 곽읍에서의 싸움은 군사를 일으킨 것이 의로운 거병이니 정법이고, 그때 건성왕자가 말에서 떨어져 우군이 다소 후퇴를 했다는 것은 오히려 이것이 기병술을 올바로 쓸 때가 이른 것입니다."

다시 태종이 물었다.

"그때 우리 군이 약간 퇴각하여 대패하기 직전이었는데, 그것을 경이 기병이라 함은 무슨 뜻이오?"

태종이 정색을 하고 묻는 말에 이정은 머리를 조아리며 대답했다.

"모든 병사에는 전면을 향하는 군사를 정병으로 하며, 후퇴할 때는 반드시 기병술을 써야 합니다. 그때 우군이 퇴각하지 않고서 어떻게 노생의 군을 마음 놓고 이편으로 유인할 수 있었겠습니까? 그러므로 병법에도 이르기를 적군에게 이(利)로써 유인하여 그 군세가 어지러울 때 이를 기습 공격하라고 하였습니다. 노생이 병사를 모르면서 오직 자신의 용맹만을 믿고서, 전후좌우를 생각지 않고 급하게 진군해 옴에 폐하께서 그 시기를 놓치지 않고 기습공격을 하셨는데, 이것은 병법으로 볼 때 모두 정정당당한 정법입니다."

❖ 해설

이정이 전편까지는 정병과 기병을 명확히 구별하지 않았지만, 송노생과의 대전에서는 정병과 기병의 한계를 엄격하게 설명하였다.

중국의 황제 이래의 병술에서 군략가들은 기병술을 강조하였으나, 어떤 상황에서 쓰라는 설명은 없었다. 그것은 명장들이 이끄는 병세가 수시로 변하여, 그 예측을 알지 못하는 까닭이다. 즉 적군의 병세가 어느 정도 약화되었을 때 공격해야 아군이 조금의 손실도 없이 이길 수 있는가는 현장을 소상하게 아는 장수 이외에 누구도 속단할 수 없기 때문이다.

그보다도 공격할 그 시기에 자신의 병세가 어느 정도 정비되어 능히 적을 공략할 자세가 되어 있는지가 더욱 중요하다. 그러므로 병법에서 만일 기술을 쓸 때를 먼저 정하면 장수들은 앞으로 기병술을 쓸 시기 포착에 급급하여 오히려 정술을 등한히 하는 경향이 생기게 된다.

원래 적을 공격할 때는 강력한 병세로 신속 과감하게 공격해야 하는데, 정면으로 공격하는 병력에 추호라도 회의심이 생긴다면, 그 전투는 성공을 못하고, 오히려 이편에서 기병술을 쓰기 이전에 먼저 적군의 기습공격을 받는 것도 순간적인 일이다. 그러므로 기병술을 쓴다는 것은 사전에 측정할 수 없다.

그리하여 병가들이 이르기를 강력한 정병으로 적군을 공격하면 자연히 적군에 허약한 곳이 생겨서 필연적으로 기습 공격할 시기가 발생한다고 하였다.

기습작전이란 강력한 정병의 움직임에 따라서 형성되는 것이지 기병술 그 자체로는 존재할 수 없다. 이러한 병법의 원칙을 떠나서 기병술을 쓰면 오히려 그 장수는 자기 꾀에 자신이 속아 넘어가는 결과가 될 것이다.

그러한 사실을 역사에서 살펴보면, 위(魏)나라의 조조는 병사에 능통하지 못한 자가 항상 많은 병세와 자신의 기병술만 믿다가 오직 정병론을 주장하는 제갈량과 싸워 매번 패하였다. 그것은 조조가 자신의 꾀를 자시(自恃)한 반면에 공명은 원래 많은 병서를 공부하여 조조가 생각하는 것을 미리 알고 있었기에 조조의 기병술이 그 기능을 발휘하지 못했다.

이렇듯 기병술은 적군이 모르게 순간적 계략에 의해서 이루어져야지 자신의 기병술을 상대방이 알고 있다면 아무 효과를 거둘 수 없고 오히려 군사는 피로해지고 공백기가 생겨서 적군의 기습을 받게 된다.

그리하여 이정도 태종에게 정병을 권장함과 동시에 송노생과의 싸움에서 태종이 측면으로 공격한 것이 기병술이긴 하나 이때 건성왕자가 말에서 떨어지자 형세가 불리하여 약간 퇴각했을 뿐인데 송노생이 자신의 후방을 돌보지 않고 추격하는 찰나에 태종이 측면을 공격한 것은 천재일우의 기병술이라 했다. 한발 나아가 이정은 이러한 작전을 기병술이라고 하지 않고, 오직 정병을 위한 당연한 정병술이라고 찬양했다.

6. 기정재인(奇正在人)

이정의 설명을 듣고 있던 태종은 그때에야 기병술과 정병술을 알 듯하여, 옛날 무제 때 곽거병의 전쟁기록이 떠올라 이렇게 물었다.

"한나라 무제 때 곽거병의 전술은 손자(孫子)와 오자(吳子)의 전술과 합치되는 것이었소. 지성이 있으면 모두 그런가 보오. 짐이 송노생과 싸울 때 우군이 퇴각하는 것을 고조께서는 실색하여 몹시 당황하셨소. 이때 짐이 결사적으로 분전 공격하여 오히려 우리 군에 형세가 유리하게 변천되었소. 이것은 손자나 오자의 병술과 은연중 합치하는 일이오. 실로 경의 말은 병사의 허실을 잘 아는 말이오. 무릇 병사의 퇴각에는 그런 것을 가지고 기병술이라 하오?"

이 질문에 이정은 정색을 하고 대답했다.

"그렇지 않습니다. 대체로 군사들이 퇴각할 때 그들이 올리는 깃발이 정돈되지 않아 높고 낮음 등이 일치하지 못하고 또 북소리가 크고 작아서 서로 어울리지 않으며, 군중들이 소란을 피우며 떠들썩하면 장수의 군령이 잘 통하지 아니하여 패하게 됩니다. 이것은 기병술이 아닙니다. 만약 기폭이 정돈되고 북소리가 이에 조화를 이루고 따라서 장수의 호령과 합치되면서도 군사들의 퇴각하는 동작만이 흩어져서 퇴각하며 달아나는 것은 거짓 패하는 것입니다. 여기에는 반드시 기병술이 있습니다. 병법에 이르기를 위계(危計)를 써서 거짓 도망가는 군사는 추격하지 말라고 했습니다. 또 이르기를 이편에서 잘할 수 있는데도 오히려 잘못하는 양 형세를 꾸며서 적군이 기습하게 하는 것도 모두 기병술이라 합니다."

태종이 다시 물었다.

"짐이 곽읍에서 송노생과 싸울 때 우군이 다소 퇴각하였다가 송노생군을 격파하고 생금하였는데, 그 기회를 하늘이 준 것이오? 사람이 한 것이오?"

이정이 대답했다.

"만약 기병이 변해서 정병이 되고 정병이 기병으로 잘 변할 수만 있다면 쉽사리 적군에게 승리할 수 있습니다. 그러므로 용병술이 능하여 잘 싸우는 장수는 기병술이든 정병술이든 모두 그 사람에 달려 있습니다. 즉 변화하기를 귀신같이 하는 그 웅대한 지략은 오직 하늘이 변화하는 것같이 합니다."

이 말을 듣고 태종을 머리를 끄덕이며 칭찬했다.

❖ 해설

본 절은 태종이 정병과 기병술을 끝까지 추궁하여 질문하는 문답의 내용이다.

태종은 자신이 곽읍에서 송노생의 대군을 격멸한 것을 정병과 기병술을 동시에 잘 쓴 것이라는 이정의 평을 듣자 마음이 흡족했다.

옛날 한 무제 때의 곽거병은 요서 땅으로 동호족을 치기 위하여 여러 차례 출정한 명장이다. 무제가 곽거병에게 손자와 오자의 병술을 배우라고 권하자 그는 무제에게 대답하기를 손자와 오자의 병법도 하나의 방법에 지나지 않을 것이라고 사양했다.

태종은 곽거병의 전술은 모두 손자와 오자의 병서에 있는 전술과 흡사하다고 했다. 그러면서 태종은 곽거병이 손자와 오자의 병술을 안 배우고도 능히 잘 싸웠다고 지적해 놓고는 자신이 곽읍을 칠 때의 전쟁과 비교하였다.

곽거병의 행적은 증명이 될 예문으로서, 태종은 자신이 곽읍을 공멸할 때의 공적을 들어 질문하였다. 즉 손자나 오자의 병서를 안 배운 곽거병의 전술도 손자와 오자 둘의 전술과 은연중 같고, 태종 자신도 손자와 오자의 병서에 능통하지는 못하지만 곽읍에서 송노생을 칠 때는 손자와 오자의 병법과 흡사한 것이 아니냐고 물었다.

여기에서 이정은 대답하기를 정병이냐 기병이냐는 오직 이를 실행하는 사람에 달려 있다고 강조했다. 원래 장수의 지혜는 무궁무진하여 그 때에 따라서 신출묘계로 변화하여 하늘이 주는 것도 우연히 이루어지는 것이 아니라고 강조하였다.

그러나 이렇게 자신만만했던 태종도 10만여 명의 정병을 이끌고 요동으로 출정했지만, 고구려의 연개소문에게 안시성·요동성·오골성·백성성·발착수 등지에서 패전을 거듭했다.

또 수나라 때 을지문덕 장군은 적군의 병세가 강대한 것을 알고 살수의 강물을 막아놓고 추격해 오는 백만 대군을 모두 눈 깜짝할 사이에 산더미 같은 물로써 심판을 내려 이겼다.

이와 같이 기병술이란 그때의 형세에도 따르며, 또 지형이나 날씨 등 천태만상으로 변할 수 있기에 그 일을 당해보거나 지난 후가 아니면 사전에 예측할 수 없다.

7. 조조의 병술

태종이 다시 물었다.

“기병과 정병은 원래부터 분별되는 것이오? 상황에 따라 구분되는 것이오?”

이정은 정병이나 기병에 대하여 그동안 여러 병법과 전쟁사를 들어 설명했지만 태종은 아직도 기병과 정병의 구분이 석연하지 않은 모양이므로 질문을 받고 이에 대답했다.

“헤아려 보건대 조조는 그 『신서』(新書=兵書)에 이르기를 아군의 병세가 2이고 적의 병세가 1이면 하나는 정병으로 하고 또 하나는 기병술로 쓰라 했으며, 만일 아군의 병력이 5이고 적의 병력이 1이면 3의 병력은 정군으로 하고 나머지 2군은 기병술에 동원하라고 했습니다. 그러나 이것은 그 대략만을 말한 것입니다. 손무(孫武, 손자)는 말하기를 전세란 기병술과 정병술에 불과하며, 그 기병술과 정병술이 수시로 변하는 것은 서로 이기기 위하여 궁함이 없는 것이라 하였습니다. 즉 적군이 기병술로 공략해오면 이쪽은 어느새 정병술로 이를 막으며, 적은 또다시 같은 정병으로 이를 대항하며, 기병술과 정병술을 서로 변모해 가는 것으로 이렇게 상호 병세가 순환하여 변하기가 그 끝이 없으며, 그 능숙함이 무궁무진합니다. 그러니 그 구분을 어떻게 쉽사리 할 수 있겠습니까? 이는 기병과 정병의 깊은 의미가 잘 드러나 있습니다. 그러니 평소에도 기병과 정병을 굳이 나눌 수가 없습니다.

만약에 군사들이 장수의 전법을 잘 모른 채 교련하고, 비장들도 아직 주장의 명령에 숙달하지 못한 상태라면, 반드시 두 개의 부대로 나누어 병술을 가르치라고 했습니다. 그들을 교련할 때 깃발이나 북소리에 따라서 행동할 것을 알게 하고, 그 군사들이 서로 합하고 나누어지는 것을 번갈아 가르치라고 했습니다. 그렇게 헤어지고 합하는 변화술을 훈련은 실전의 전술이며, 이러한 교련과 교열이 끝나면 군사들은 주장의 전법을 잘 알게 되며, 그런 후에는 양의 무리가 움직이듯이 장수의 지휘에 잘 따르게 됩니다. 형세가 그러하니 누가 구태여 병술에서 기병과 정병을 분별하겠습니까?

손무가 말하기를 적의 실상은 드러나게 하고 아군의 실상은 드러나지 않게 하라고 하였는데, 이것은 기병술과 정병술의 극치입니다. 이것은 원래 교열할 때나 구분할 뿐 전쟁에 임하여 이기기 위해서는 수시로 변하므로 이를 세세히 밝힐 수 없습니다."

태종이 말했다.

"과연 깊고 깊구려. 필시 조조도 그러한 것을 알았을 것이오. 그러나 『신서』는 소위 장수들에만 전수되었으나, 그 병서가 기병술과 정병술의 본법은 아니었소."

태종이 다시 물었다.

"조공이 말하기를 기병은 측면으로 공격하는 것이라 했는데, 경은 어떻게 생각하오?"

이정이 대답했다.

"제가 살펴본바 조공이 손자병서에 주를 달아 놓았는데, 먼저 나가서 싸우는 것이 정병이요, 후방에서 기습하는 것이 기병이라 하였습니다. 이것은 측면으로 공략한다는 것과는 그 말이 다릅니다. 어리석은 신의 생각은 대병이 합하여 싸우는 것이 정병술이고, 형세에 따라 장수가 그 재량대로 출병하는 것이 기병술인가 합니다. 어찌 선후를 가리겠으며, 또 측면으로 공격하는 것에 구애받겠습니까?"

❖ 해설

태종의 물음에 대하여 이정이 조조의 병술 중에서 기병과 정병에 관해 소상하게 설명을 한 구절이다.

태종이 조조의 병술에서 기·정술(奇·正術)을 찬양하자, 이정은 대답하기를 조조의 병술과 같이 기·정을 구분하는 것은 군사를 교련하고 그것을 사열하는 단계에서나 구별된다고 했다.

이 말은 조조의 병법은 큰 싸움에서의 기·정술을 논할 위치에는 미달하고, 오직 시위의 효과를 나타내는 사열 등에서나 쓰이는 초보적이라는 뜻이다.

더욱이 조조가 손자의 병법을 자기 나름대로 주석하여 먼저 나가서 싸우는 군사가 정병이고 뒤에 출전하는 군사를 기병으로 했다는 태종의 질문을 받고, 이정은 기정술은 조조가 그 장수들에게 가르칠 때 측면 공격을 하라고 한 것과는 방법이나 말부터가 다르다고 지적했다. 또 이정은 이르기를 대군이 적군과 서로 어울려 싸우는 것이 정병이며, 이때 전세를 보아서 장수가 자기의 재량으로 적군의 허한 곳에 공격명령을 내리면, 이것이 곧 기병술이라고 했다.

곧 군사들을 출병하는 데 선후를 가려서 정병술이니 기병술이니 할 수 없으며, 또 적군의 측면을 공격하는 등에 구애되지 않는다는 뜻이다.

이정의 이 견해는 명장이 적과 결전할 때, 장수는 피아의 전황에 따라서 자기편에 허한 곳이 있으면 가세하고, 적군의 형세 중에 허한 곳이 있으면 기습을 한다는 의미이다.

이처럼 이정은 명장인 동시에 병법에서도 손자와 오자에 못지않은 대가의 경지에 이르렀다.

본 절에서는 조조의 『신서』가 어느 정도의 병서였고, 또 그가 어느 정도의 전술을 가졌는지를 알 수 있다. 그러하였기에 조조는 유비에 비해 막강한 병세를 가지고도 능히 승전을 거두지 못했고, 늘 패하기만 했다.

8. 기병은 무형

태종은 기병술이 용병술의 극치를 이루지만 그 형태가 어떠하다고 판별하기가 곤란함을 알 듯했다. 그래서 그는 다시 물었다.

"용병에서, 나의 정병을 적군이 볼 때 기병술로 보이게 하거나, 나의 기병술을 적이 볼 때 정병으로 보이게 하여, 소위 그러한 형태로 만들어 기병술이 정병으로 되게 하는 한편, 정병이 기병으로 변화하는 것을 사람들이 이를 보고도 측량할 수 없어서 가히 그 형태가 없을 지경이 되는 것을 일컬음이오?"

태종의 그 물음에 이정은 공손하게 재배를 올리고 대답했다.

"폐하께서는 옛사람보다도 뛰어난 신성(神聖)을 지니셨습니다. 신은 감히 이에 미치지 못합니다."

❖ 해설

이정은 태종이 기정술의 변화막측한 형태를 말하자, 회출고인이라 하여 그 이상 말하지 않았다. 회출이란 말은 하늘에서 햇빛이 쨍하고 빛남을 일컫는다. 왜 이정이 회출이라 했는가는 여러 가지로 해석할 수 있다.

첫째로 그동안 태종과의 문답에서 여러 병가들의 예를 들어 설명했는데, 태종이 영명한 성지를 가졌으니, 마치 빛을 발하듯 기민하게 알아차리고 기병과 정병이 변화가 막측한 것이라고 하는 말에 감명을 받고 한 말로 생각된다. 그러므로 용병술에도 멀리서 쨍하고 빛났다 꺼지는 것과 같은 옛 명장들의 슬기를 비유하여 말하였다.

둘째로 태종은 군왕이라 하늘에 비하는 것이 그 당시의 풍조였다. 그래서 이정은 회출이란 언어를 쓰기 이전에 신성(神聖)이라 했다. 하늘에서 빛나는 형광을 태종에게 견주어 존칭하는 뜻도 된다.

아무리 옛날의 장수라 할지라도 뛰어난 병술을 지닌 사람이 매우 적고, 또 아무리 신묘하고 특출한 병략가라 할지라도 기병이나 정병술을 해득하는 데는 어려움이 있다. 그러나 태종은 하늘에서 낸 군왕이라 옛날 성인들의 신묘한 병술도 능히 깨달은 것이라 생각하여 감격한 것일 수도 있다.

그 밖에도 이정은 기병이나 정병을 능숙하게 용병하는 명장들은 마치 형광이나 번갯불이 번쩍하고 그 빛을 냈는가 했는데 어느새 꺼져서, 마치 그 형태를 가릴 수 없음을 병술에 비한 것이라 생각된다.

옛날 한신이 정경구에서 조나라 광무군의 대군을 배수(背水)의 진으로 친 것도 역시 기병술로서는 전무후무한 계략이었다. 이것은 조나라의 군사들이 고지를 먼저 점령하고 기폭을 올렸는데 잠시 휴식과 식사를 하는 동안에 한신의 기병이 그 틈을 이용하여 조나라의 기폭을 내리고 한신의 기폭을 불쑥 올렸다. 이것은 마치 번갯불이 번쩍하고 비치는 것이나 다름없다.

한신의 군대는 고지를 점령하고 나서 사기가 충천하여 함성을 지르며 조나라 군사를 공격하자 조나라 군사들은 자신들이 악전고투해서 험준한 계곡을 기어 올라가 올렸던 기폭이 순식간에 없어지고 이미 대세가 기울어 한신의 군대가 고지까지 점령했음을 알아차린 순간 전의를 상실하여 그대로 도망치는 수밖에 없었다. 이와 같이 명장들의 기병술은 일정한 방법이 있는 것이 아니고, 오직 그때의 형세와 지형 등을 살펴서 순간적으로 결행하는 신묘한 전술이다.

9. 손무의 선능(善能)

태종이 이정에게 물었다.

"군사들을 운용함에 흩었다가 다시 합치는 변화가 있는데, 어떤 것이 기병이며 어떤 것이 정병이오?"

이정이 대답했다.

"원래 용병을 잘하는 자는 정병 아닌 것이 없으며 또 기병 아닌 것이 없습니다. 적군의 형세에 따라 이편에서 적이 헤아릴 수 없을 정도로 용병을 임기응변합니다. 그러므로 정병으로도 이기고 또 기병으로도 이깁니다. 그래서 삼군의 군사들은 승리한 것만을 알고, 어떻게 해서 승리했는지는 모릅니다. 장수가 전술적 상황에 변화무쌍하게 대처하지 않았다면 어찌 이에 이르겠습니까? 군사를 나누고 합하여 출격하는 것은 오로지 손무가 능숙하였으며, 오기 이하의 장수들은 이에 미치지 못합니다."

태종은 오기가 손자에 미치지 못한다는 말을 듣고, 오기에 관하여 물었다.

"오기의 병술은 어떠하오?"

이정이 대답했다.

"신이 그 대략의 말씀을 드리겠습니다. 위나라 무후가 오기에게 두 군대가 서로 마주한 싸움에 대하여 묻자, 오기는 이렇게 대답했습니다. '그 신분은 미천하지만 용맹한 자를 뽑아서 적군의 전면을 공격하게 하되, 칼과 창으로 교전하기 시작하면 거짓 패하여 도망쳐 오게 합니다. 그러나 도망쳐 온 군사를 처벌하지 않아야 합니다. 그렇게 되면 아군은 마음 놓고 달아날 것이며, 또 적군은 추격할 것입니다. 이때에 적군의 진취를 살피는데, 아군이 도망가는데도 한 번 앉고 일어나는 흉내만 낼 뿐 쫓아오지 않으면 이것은 적장에게 지략이 있음입니다. 만약 추격하는 군사들의 진군이 능숙하지 못하여 분주하기만 하고 갈팡질팡한다면 이 적장에게는 특별한 재주가 없음입니다. 이럴 때는 추호의 의심 없이 곧 공격해야 합니다'라고 했습니다. 신이 말씀드리건대 오기의 병술은 많은 병졸을 통솔하여 교전할 때의 전술이며, 손무가 이르는 소위 기정합술(奇正合術)은 아닙니다."

태종은 다시 이정에게 물었다.

"경의 외숙 한금호의 말에 의하면 경과는 능히 손자와 오자의 병법을 논할 만 하다고 했는데, 이 역시 기정을 일컬음이오?"

이정이 겸손하게 대답했다.

"폐하, 한금호같은 이가 어찌 기정의 극치를 알겠습니까? 다만 그는 기병을 기병으로 알 수 있고, 또 정병을 정병으로 알 수 있을 정도이지 기정이 서로 변화하여 순환하는 무궁한 것은 알지 못합니다."

❖ 해설

본 절에서는 병술에 가장 뛰어난 손자의 병술을 찬양하면서 오기 등 많은 병가들은 손자에 미치지 못함을 설명하였다.

태종은 이정에게 장수가 군사를 이합집산 하여 그 형태를 변화하는 것으로 능히 기정술이 되느냐고 물었다.

이에 대해 이정은 용병을 잘하는 사람, 즉 명장들은 병사에서 정병 아닌 것이 없고, 또 기병 아닌 것이 없다고 확답했다. 기병이니 정병이니 하는 것은 장수들이 그때의 형세에 따라서 기민하게 판가름하는 것이지 처음부터 기병과 정병이 따로 있지 않다고 했다. 이는 과연 이정이 명장다운 대답을 한 것으로 본다.

그것은 장수가 적과 싸울 때 적과 아군의 형세를 잘 살펴서 쓰는 오직 그 장수만이 아는 일이지 그 한계를 정할 수는 없기 때문이다.

예를 들어 어떤 장수가 적군과 싸울 때 적군이 맞은편 산 능선에 진을 칠 것이라 예상하고 산상에 기병을 투입해서 복병을 해두었는데 적장이 슬기로워서 그 능선에 진을 치면 산상에서 복병이 기습해올 것을 짐작하고 다른 곳에 진을 쳤다면 결국 산상에 복병을 해둔 장수는 오히려 쓸모없이 군사를 복병한 데 따른 분산으로 병세가 약화될 것이다. 뿐만 아니라 산상에 배치된 군사는 오히려 적군이 퇴로를 봉쇄한다면 식수나 식량 등의 보급이 끊기어 오히려 곤란해질 것이다. 이와 같이 병사에는 지형을 생각하지 않을 수도 없지만, 적군도 역시 그 지형을 이용하니 피아간의 깊은 병술이며 형세를 소상하고 세밀하게 탐지하여 같은 지형을 쓸 때에도 좌우를 잘 살펴 결정해야 하므로 어디까지나 고정된 것이 아니다.

또 이정은 오자를 평하기를 그가 대장으로서 많은 병졸을 통솔하고 대병을 자유자재로 쓸 장수는 되지만, 손자에 비견할 정도의 절묘한 용병술은 없다고 했다.

원래 손자와 오자는 모두 법치주의자로서 장수의 권능으로 군사를 다스리려 했다.

그러나 우리나라의 명장 충무공과 한나라의 한신이나 제갈량 등은 강력한 법치주의보다는 오히려 기능을 중심에 둔 지략에 따라서 용병을 했다.

전사의 예를 들면 충무공은 수군의 한 장수로서 한 나라의 군권을 가진 것도 아니요, 오히려 군권을 장악한 상부로부터 미움까지 받았다. 그렇다고 군사의 숫자가 많은 것도 아니었다. 그러나 충무공은 뛰어난 용병술에 더하여 대포와 소총을 만들고 군사들에게는 기능을 연마시켜 많은 왜군을 격멸하고 해상권을 장악하여 전쟁을 승리로 이끌었다. 이것으로 충무공은 용병술이 무궁무진한 장수였음이 증명되고도 남는다.

장수가 출정하여 적과 싸워 진격하고 물러남은 그 장수의 권한에 속하지만, 충무공에게는 장수에게 주어지는 제어권마저 없어서 싸워서는 안 될 때에도 출정하여 싸우라는 압력을 받는 처지였다.

손자나 오자가 아무리 명장이기로서니 충무공이 처한 위치에 있었다면 과연 그들은 어떻게 싸웠을까? 손자와 오자의 전사를 살펴보면 그들은 병법에서 백전백승을 가르쳤지만, 실제 전쟁에서 패전과 화전을 한 일이 여러 차례 있었다.

그러나 충무공은 불과 소수의 군사와 전선(戰船)으로 많은 무리의 적을 맞아 싸웠지만 단 한 번의 패전이나 화전도 없었다. 만일 아차 실수해서 한 번이라도 패전을 하였더라면 우리 수군은 전멸하는 운명이었다. 그러나 충무공은 얼마 안 되는 병세로도 기정의 병술이 변화무쌍했던 까닭에 능히 왜군의 대함선을 격멸하고, 남해 일대의 제해권을 완전 탈환하는 대공을 세웠다.

이를 가리켜 무궁무진한 용병술을 지닌 만고의 선용병자(善用兵者)라 할 것이다.

10. 부견의 무술(無術)

태종이 물었다.

"옛사람들이 적을 맞아 싸울 때, 적이 모르게 은밀히 기습공격을 해서 승리를 거두었는데 이것도 역시 기병과 정병이 서로 변화하는 전법이오?"

이정이 대답했다.

"옛날의 전투는 작은 재주로써 아무 재간이 없는 것에 이기는 일이 많았습니다. 그것은 반 조각도 안 되는 용병술로써 용병술이 없는 것에 이기는 것이니, 이것을 어찌 병법이라 족히 논할 수 있겠습니까? 사현(謝玄)이 부견(符堅)을 격파한 것은 사현의 선병(善兵)이 아니고 부견이 잘못한 데서 비롯된 것입니다."

이 말을 들은 태종은 근신에게 사현의 전기를 가져오게 해서, 그것을 열람한 후 물었다.

"부견이 심히 잘못한 곳이 어디란 말이오?"

이정이 즉시 대답하였다.

"신이 부견의 전기를 보건대 기록에 이르기를 진나라의 군사들은 모두 궤멸되고 패하였습니다. 오직 모용수의 군사만은 홀로 온전했습니다. 그런데 부견이 불과 천여 기의 피로한 군사를 이끌고 달려갔습니다. 이때 용수의 아들 보가 부친 용수에게 부견을 죽이라고 권했지만, 용수는 부견을 살해하지 않았습니다. 이것으로 미루어 보면 진나라군은 패하여 혼란해 있었고, 모용수의 군만이 홀로 온전했음을 알 수 있습니다. 이런 형세로 볼 때, 부견은 모용수의 함정에 빠진 것이 사실인데, 남의 함정에 든 사람이 어찌 싸워서 이길 수 있겠습니까? 실로 어려운 일입니다. 그러므로 신은 병술이 없는 자는 부견 따위라 생각합니다."

이 말을 듣고 있던 태종은 말했다.

"손자가 이르기를 '승산이 많은 자는 승산이 적은 자에게 이긴다'고 하였는데, 승산이 적어도 승산이 전혀 없는 자에게는 이길 수 있음을 알겠소. 무릇 모든 일이 그런 것인가 하오."

❖ 해설

본 절에서는 병법으로 배울 것은 없지만, 다만 이정이 박학했던 사실을 알 수 있다.

전쟁의 승패는 오직 병술이 선능해야 함을 설명했다. 이때에 우연히 부견의 무술에 이르자 태종은 그것을 해명하기 위하여 시신에게 부견의 전기를 가져오라 하여 책자를 펴놓고, 부견의 잘못한 점을 지적하라 했다.

이때 이정은 추호도 망설임이 없이, 부견은 함정에 든 형세를 설명하고, 함정에 빠진 위인이 어떻게 승리를 하겠느냐고 했다. 그러면서 아무런 병술이 없는 부류를 부견 같다고 지적했다. 이렇듯 이정은 고금의 문헌에 능통한 인물이었다.

이정의 문답서는 많은 병서를 평론한 작품으로 보기에 충분한 책이다.

11. 황제의 병법

태종이 물었다.

"황제의 병법을 세상에서 '악기문(握奇文)' 또는 '악기문(握機文)'이라고도 하는데, 이것은 어떤 것이오?"

이정이 대답했다.

"기(奇)는 기(機)라 발음합니다. 그래서 혹은 기(機)라 전해지고 있으나, 그 뜻은 한가지입니다. 그 문사를 고찰해 보면, 정병이나 기병은 각기 네 개의 병진을 형성하고, 그 나머지 기는 영(零)이라 하여 장수가 직접 기를 장악한다는 의미에서 악기(握機)라고 합니다. 이러한 연유로 음을 기(機)라 합니다. 어리석은 신이 말씀드리건대 병사에 어찌 기가 없겠습니까? 그것을 장악함을 일컬음입니다. 그 외의 기(機)에 이르러도 이와 같습니다. 이 정병은 군왕에게서 받는 것이며, 기병(奇兵)은 장수가 스스로 출병할 수 있습니다. 병법에 이르기를 명령이란 평소부터 사람들을 잘 가르치는 데서 백성들이 복종하는데, 이것도 군주에게서 받는 것이라 하였습니다. 또 이르기를 병사란 미리부터 예언할 것이 아니고, 군왕의 명을 받지 않을 경우가 있다고 함은 곧 장수가 출정하여 스스로의 재량권을 행사함을 일컬음입니다. 무릇 장수가 기병 없이 정병만 쓰는 것은 수문장이고, 기병만 알고 정병을 모르는 장수는 투장(鬪將)이라 합니다. 기병과 정병을 모두 체득한 장수라야 나라의 국무를 보필할 수 있습니다. 그러므로 악기(握機)와 악기(握奇)는 본시 두 개의 법이 아닌 까닭에 군사학을 배우는 자는 겸하여 통달해야 합니다."

❖ 해설

본 절은 태종이 황제의 병법이라고 전해오는 '악기문(握奇文)'과 '악기문(握機文)'의 차이를 질문한 것이다.

이에 대하여 이정은 정병 4진, 기병 4진, 중앙의 1군은 군왕이 장악하는 악기(握機)라 하고, 나머지의 기병을 여령(餘零)이라고 설명했으며, 기(奇)와 기(機)는 음으로 같으며, 나머지의 여령이라는 것도 기라고 대답했다.

원래 악기문(握奇文)이니 악기문(握機文)이니 하는 문헌이 송나라 때에 이르러 있었다는 사실은 중국문학을 연구하는 학자들 중에는 널리 알려진 사실이다. 더욱이 악기경(握機經)이란 문헌이 음부경(陰符經), 내장경(內臟經)과 같이 춘추전국시대에 없었다는 사실을 주자가 삼동계고이(三同契考異)에서 "이것은 황제의 글도 아니고 또 육국 때에도 그러한 내용의 문헌이 없었다"고 증언한 사실이 있다.

그러므로 황제 때의 병서인 악기경이 당나라 때는 없었는데 당 태종과 이정의 문답인 『이위공문대』에 기록된 것은 실로 괴이한 사실이다.

이정의 문답이 후대에 교정된 듯 하다는 지적했지만 이 『이위공문대』뿐이 아니라 주나라 때 태공망이 지었다는 『육도(六韜)』도 「기교(技巧)」편에서 많이 정정한 흔적이 있다.

더욱이 병서의 편찬 과정은 대체로 원문은 그대로 두고 주석만 다는 것이 원칙이었으나, 당송시대에 와서 상고시대의 『시경(詩經)』·『서경(書經)』 등의 경서까지도 국고정리(國故整理)라는 명분을 앞세워 정정한 흔적이 있으니, 전쟁에 소요되는 무경서의 정리는 말할 필요조차 없다고 본다. 그러므로 『이위공문대』가 송나라에 이르러 무경칠서로 제정되는 과정에서 이 문헌을 편찬하는 학자들이 국가의 체면이나 또는 권위에 관계되는 문서를 정정이나 변작하는 것도 가능하였을 것으로 생각된다.

당나라는 고구려와 백제를 평정하여 많은 문헌을 탈취하였을 것으로 예상할 때, 과연 그 문헌을 단 하나라도 옛 고구려의 뛰어난 문헌이라고 찬양한 구절이 없는 것은 무엇을 뜻함인가?

그 다음에 이정이 악기문(握奇文)과 악기문(握機文)을 기(機)

와 기(奇)가 음이 같다고 설명했는데, 그 글자의 음은 같지만 그 뜻이 다르다. 그래서 본 절의 문헌은 잘못된 것으로 해석된다.

원래 기(機)는 병사의 기틀을 뜻하고, 기(奇)는 기병에 속한다.

더욱이 이정은 황제의 병법에서 구궁법(九宮法)을 설명할 때, 구궁법을 완전 해독하지 못하고 풀이한 것으로 해석된다.

문자상으로는 태공망이 구궁법의 병진을 일컬었지만, 원래 구궁법의 병진을 중국에서는 쓴 때가 없으며 실제로 주나라 이래로 팔진법 혹은 육진법을 적용한 사실이 주대(周代) 이래 열국의 사서가 이를 증명한다.

그러므로 이정이 태종의 질문에 구궁법을 소상하게 설명하지 못함은 너무도 당연하다.

이러한 관점에서 볼 때 악기문(握奇文)과 악기문(握機文)이 동일한 문헌인 것은 사실이지만, 전기의 악기경을 본 사람이 진기한 무경서라는 뜻에서 악기문(握奇文)이라고 명칭을 제멋대로 만든 것으로 볼 수는 있지만, 음이 동일하다 해도 그 뜻은 큰 차이가 있을 터인데 어찌하여 음의 동일성으로써 해설했는지 그 진의를 알 수 없다.

그리고 이정이 지적한 정병과 기병의 차이를 구별하는 데 군왕에게서 받는 것은 정병이요, 장수가 출정하여 재량권 안에서 쓰는 것은 기병이라고 한 것도 광의의 뜻에서는 수긍하지만 실제로는 구별할 수 없다.

병법에 기병술이니 정병술이니 하는 것은 전쟁에 임해서만이 선악이 가려지고, 또 변화무쌍한 용병술이 요청된다. 태평성대에 군왕의 권위나 돋우는 군사라면 다양한 훈령 정도면 족하지, 기병이 무슨 소용이 있겠는가? 그러므로 적과 대전에서 쓰는 병사에 군왕이라고 어찌 권위만을 세워서 정병만을 쓰겠는가?

마찬가지로 당나라의 황제인 태종이 고구려를 침공했을 때 군왕의 체면과 권위를 생각하여 기병술은 안 쓰고 오직 정병술로만 싸우다가 연개소문에게 참패했을까? 이렇게 볼 때 기병과 정병의 한계는 실전을 차치해 놓고 구분하는 것은 무의미하다.

본 절의 황제 병법의 유래와 병진은 다음에 다시 소상하게 설명하기로 한다.

12. 제갈량의 병진(兵陳)

❖ 해설

앞 절에서 황제의 악기경이란 무경서에서 구진법의 대략 형상은 설명했지만 소상한 언급이 없었다.

그래서 이정의 문답서는 황제의 병법을 알기 쉽게 유도하기 위하여 제갈량의 팔진법을 인용했다. 그러나 제갈량의 병서인 『심서(心書)』 50편에는 팔진법을 물상론(物象論)으로 설명한 구절이 없고, 오직 실학론(實學論)으로 설명했을 뿐이다.

후대에 이르러 명나라 초에 항주 출신의 나관중이 쓴 『삼국지연의(三國志演義)』에 제갈량의 팔진도편이 보인다. 물론 이 작품이 소설이어서 고증의 가치는 없지만, 그 작품에 깔린 사상이 유비가 한실을 숭상하는 맥락에서 한민족의 중화사상을 고취한 것이라 할 수 있다. 당시 중국의 형세를 보면 송나라 때는 거란의 침략으로 민족과 국토는 남·북송으로 양분되었고, 다시 몽골의 침략으로 다른 민족이 군왕이 되는 쓰라린 과정을 겪어왔다. 이런 형세에서 나관중은 한민족의 사상을 일깨우기 위하여 존주사상(尊周思想)을 바탕으로 대국을 세운 한나라의 중화사상을 기반으로 하여 제갈량을 제2의 장량으로 구상하였으니, 제갈량은 종횡무진한 권모술과 또 신출귀몰한 병술을 구사하여 통일대업의 꿈을 실현하기 위하여 진중에서 쓰러져 목숨이 다할 때까지 싸운다.

나관중은 『삼국지연의』를 집필하는 과정에서 그의 병법 중에 장지(將志)를 높이 평가하여 오(吳)와 위(魏)가 싸우는 장면을 팔진법이란 물상론으로 구상했던 것으로 보인다.

그러한 바탕에서 『이위공문대』는 명나라 때에 이르러 문답 중에 있는 황제의 병법과 제갈량의 팔진도가 정정된 것으로 추측할 수도 있다.

그러나 그때의 고증이 될 송나라 판(版)과 원나라 · 명나라 때의 『이위공문대』 진본판(眞本版)이 없으니 헤아릴 길이 없다.

팔진도의 유래는 그만하고, 태종과 이정의 문답을 계속하기로 한다.

13. 진법의 구수(九數)

태종이 물었다.

"병진의 수가 9진이란, 중앙은 영(零)이 되고, 나머지 기(奇)수는 대장이 장악하며 4면 8방에는 이러한 형태로 진을 취하고 그에 준해서 형성한다 하오. 병진 사이에는 간격을 두어 병진을 만들고, 그 병진 사이에는 부대나 대오를 배치하여 형성하고 그 병진의 전면이 뒤가 될 수도 있고, 뒷면을 전면으로 만들 수 있으며 급하게 서둘지 않고도 능히 전진할 수 있고, 퇴각하는 것 같지 않지만 빠르게 달아날 수 있다 하오. 4진의 머리와 8방의 꼬리는 모두 접하지 않는 곳이 없어서 적군과 충돌할 때는 양쪽 머리가 모두 구하는 것이라 하며, 그 수는 5에서 시작되어 8에 이르러 끝난다 하는데 이것은 어떻게 된 것이오?"

이정이 대답했다.

"옛날에 제갈량이 돌로써 종횡으로 8행방진법을 만들었는데, 바로 이 도표입니다. 즉 신이 교열하였더니 군사들을 훈련할 때 반드시 이 진을 먼저 취한다고 하였습니다. 세상에 전해지는 악기문은 조악하여 그 대강만을 보여줄 뿐입니다."

❖ 해설

본 절에서 태종이 이정에게 물은 것은 9진을 장악하는 것은 대장이라는 것과, 그 9진을 형성하여 용병하는 것 등을 장황하게 물었지만, 결국 제갈량의 팔진을 질문한 것에 지나지 않는다. 그리고 병진의 수가 5수에서 일어나고 8수에 끝남을 질문했는데, 이것은 태종의 병진법이 상당한 수준이었던 것으로 보인다.

장수가 병진을 칠 때는 항상 적의 공격으로부터 중앙의 핵심인 지휘권을 가진 장수를 보호하기 위해 본진을 중심으로 하여 동서남북 사방을 방어하는 방진이 군진을 형성하는 기초이다. 그러므로 장수를 보호하는 중앙과 주위 네 개의 진을 합하면 이것이 5수가 된다. 이러한 방진법은 주나라 이래 후대에 이르기까지 쓴 병법이다.

또 병진이 다양하고 신중을 기할지라도 8수에 끝남은 정병진 사이에 기병 4개를 형성하여 팔방을 방어한다는 것이다. 그래서 병진은 5수에서 시작되고 8수에서 끝난다.

이정은 이에 대하여 중국의 고대 병법에 제갈량의 팔진법을 설명한 것이 없으므로 할 수 없이 엉성한 악기문의 예를 들어 제갈량의 팔행방진법을 예증으로 설명하였다.

* 제갈량 팔행방진법(諸葛亮 八行方陳法)

제갈량의 병법에는 없고, 오직 나관중의 소설에 인용되었다. 그러므로 그가 군사교열 때 시행한 것은 앞 절에서 말한 군사들의 교열 방진과정을 뜻한 것이며 돌로써 종횡무진하게 적을 공격했다고 함은 고대 고구려 병제에도 돌팔매로 적을 공격한 사례가 있으니 신기한 방법은 아니다. 나관중의 소설 중에 팔진 사이에서 풍운조화가 스스로 일고 돌이 종횡무진 날았다는 구절은 하나의 구도(構圖)에 지나지 않는다.

14. 팔진법

태종이 물었다.

"천 · 지 · 풍 · 운 · 용 · 호 · 조 · 사를 팔진이라 하는데, 이것은 어떤 뜻이오?"

이정이 대답했다.

"그것은 전하는 자의 잘못입니다. 옛사람들이 이 법을 비장하고만 있었던 까닭에 그것을 이렇게 괴이하게 부르지만, 팔진이란 본시 하나밖에 없습니다. 병진 하나를 여덟 개로 나누어서 천지란 본시 기와 군호의 이름이며, 풍운은 깃발이 날리는 것을 일컬음이고, 용호와 조사는 대오의 구별을 가리키는 것인데, 후세에 잘못 전하여져서 팔진이 물상으로 꾸며진 것입니다. 만일 물상으로 본다면 어찌 여덟 개에만 그치겠습니까?"

❖ 해설

이정은 태종의 신임이 두터운 장수로서 태종의 물음에 좋은 계략을 개진한 당나라의 장수이다.

태종이 팔진법은 천 · 지 · 풍 · 운 · 용 · 호 · 조 · 사 등으로 형성하는데, 그것을 어떻게 편성하느냐는 질문에 대한 이정의 설명이다.

원래 병진이란 장수가 적군과 싸우기 위하여 병진을 형성할 때 크게는 하나의 병진을 형성하여 적과 1대 1로 대결하는 것이 상례이다.

그런데 그 하나의 병진을 따져보면, 결국 여러 형태의 병세가 하나의 병진으로 형성된다. 그 까닭은 병진 중에는 전군이 있고 중군 또는 후군, 좌우군이 있다.

이것을 다시 세분하여 보면, 천문에 따라서 날씨의 밤낮, 춘하추동, 청담. 풍우 등이 하늘에 의한 천(天)이 된다.

땅이란 지리에 속하는 것으로 지형의 험난하고 평탄함, 성지의 견고한 여부 등을 가리키는 동시에, 현재 적과 마주한 지형의 형세가 어떤 것인가를 살피는 것이 지(地)이다.

풍운이란 바람과 구름을 이용하는 것으로 군사를 운용함에 풍운을 이용하고, 또 그 형상을 상징하는 병세의 형태와 군호 등이 많다. 바람이 일어날 때 장기(將旗)를 높이 올리고 많은 깃발을 올리면, 그 기폭이 바람이 휘날려서 그 군세가 자못 위엄을 떨쳐서 적군의 사기를 떨어뜨릴 수 있다. 동시에 군사들이 적을 공격할 때 바람이 거센 날 구름이 빠른 속도로 흩어지고 헤어지는 것처럼 전군이 장수의 호령에 따라 맹공한다면 아무리 강대한 적군이라도 물러나지 않을 수 없다. 그러므로 병법에서는 풍운의 조화를 잘 운용하는 명장이 삼군을 통솔하면 이를 강대한 군세라 했다. 이러한 병진의 형상을 가리켜 풍진·운진이라 하는데, 풍운을 잘 조절하고 운용하는 것을 일컬어 명장이 풍운조화를 일으킨다고 하였다.

용이란 무소부재하여 필요할 때는 반드시 존재하기에 장수들이 이 용의 형상으로 병진을 형성하는 것을 가리킨다. 예를 들면 적군이 보기에 아군이 없는 줄 알게 하여 적군이 진격해 오면 아방에서 그곳에 복병을 두었다가 적을 공멸하는 형태로서 이는 용의 무소부재한 형상을 이용함이다.

호진(虎陳)이란 호랑이의 기상을 모방하여 용맹무쌍한 맹공격 태세를 만듦을 일컫는다. 용맹하지 않은 군사가 어디 있으랴만 더 무술에 뛰어나고 용맹한 군사를 선출하여 맹호의 사나운 기상으로 적군을 공격하면, 적군은 아군의 용맹한 기상에 그 사기가 꺾이고 전의를 잃게 된다.

조진(鳥陳)은 날짐승의 형태로서 대오를 편성하는 병진을 일컫는다. 병진을 만들 때 반드시 용맹과 웅장한 것만으로 이루어지는 것이 아니며, 때에 따라서는 날짐승들과 같이 많은 무리가 대오를 이루기도 하고 또 적군을 유인하고 포위하여 공멸할 때에는 날고 기는 기능이 필요하다.

사진(蛇陳) 즉 뱀의 형세로서 군사들이 질서 정연하게 대열을 형성함을 일컫는 말이다. 이 사진 중에는 장사진도 있으며,

종횡으로 대오를 형성한다. 뱀은 꼬리를 공격 받으면 머리를 들어 방어하고 적을 공격하며, 또 머리를 공격 받으면 그 몸통과 꼬리로 방어한다. 이처럼 뱀은 그 몸집이 길고 날씬하지만 자신의 몸을 잘 보전하는데, 이와 같은 형상으로 군중을 통솔하여 하나의 병진으로 형성하는 것을 사진이라 한다.

이상에서 천·지·풍·운·용·호·조·사 등의 운용을 설명했는데, 장수가 병진을 형성할 때 이 여덟 가지의 형상이나 효능가치를 종합해서 하나의 병진 중에 이 여덟 가지 형태를 하나로 조직 편성하는 것을 팔진이라 한다.

결국 장수가 팔진법을 형성하려면 앞의 여덟 개의 조항을 하나의 병진 중에 포함하여 병진을 형성하게 된다. 만일 팔진법 중에서 이것을 여덟 개의 병진으로 분해하면 결국 천·지·풍·운·용·호·조·사 등으로 나눈다. 이러한 형태는 하나의 실전과정에서만 필요한 것이 아니고 보는 사람의 미관상으로도 군사들의 조직이 잘 정돈되었고 실용성이 있는 조직으로 보인다.

병진이란 첫째로 위세가 없으면 안 된다. 그러므로 병진을 형성하는 장수가 그날의 기후를 잘 알고, 또 지형의 따라서 대자연을 교묘하게 이용한 병세를 만들면 이것을 일컬어 천지와 풍운조화를 일으킬 조직적인 병진이라 하겠다.

그 다음에는 용의 형태로서 자신의 진중 어느 곳이나 장수가 보지 않는 곳이 없어서 모든 군사가 주장을 믿고 안심하고, 의심을 갖지 않게 편성해야 한다. 아군의 군사 중 주장이 안 보인다고 태만하다면 일부 군사만이 싸우려니 힘에 겨워서 쉬 피로해진다. 어떤 군사는 태만하고, 싸우는 군사만이 피로하다면 뭇 군사는 주장의 통솔력이 부족한 것을 탓하여 주장을 신뢰하지 않게 되어 그 병진은 통솔이 되지 않는다. 만약 이런 기회를 적군이 알고 불시에 공격해 온다면 아군은 적을 방어하지 못하고 병진은 파괴되며 장수는 생포되고 말 것이다.

그 다음에는 군사들의 훈련과 배치상황이다. 아무리 강대하고 많은 군사를 가졌더라도 지형을 고려하지 않고 무질서하게 집결해 놓으면 적군이 불시에 공격해오거나 혹은 갑자기 출동할 때는 빠르게 움직일 수가 없다. 그러므로 장수는 항상 군사를 배치하고 병진을 형성할 때 군사들의 정돈된 대오를 형성해 두어야만 불시에 출동할 수 있고 또는 적을 공격하거나 방어할 때 신속 과감하게 행동할 수 있다. 이런 것을 조진 혹은 사진이라 한다. 새들이 나뭇가지에 앉을 때나 날아갈 때의 동작이 신속하고 가벼워서 나뭇가지를 크게 움직이지 않고도 이합집산하는 동작을 상징해서 조진의 대오를 형성한다고 한다.

군사의 병진 형태가 전체적으로 길지만 그 머리와 꼬리, 그리고 몸통을 움직임에 추호도 불편을 느끼지 않고 적을 공격하거나 방어할 때 질서 있게 움직이는 것을 뱀을 상징하여 사진이라 일컫는다.

이렇듯 이정은 팔진법을 병진의 구성법이라 말했으며, 후인들이 하나의 괴이한 물상론(物象論)으로 보는 것을 부정했다.

특히 제갈량의 팔진법에 풍진 운운한 것도 실제로는 물상론이 아니며, 나아가 제갈량과 많은 싸움을 한 조조의 병술에 기술(奇術)을 많이 썼던 것을 설명하여 제갈량의 병법은 어디까지나 이상에서 말한 실체적인 병법이지 형식상의 물상론이 아님을 주장하였다.

고대 중국의 병법을 고찰해보면, 태공망의 『육도』만이 병진을 여덟 개로 구분하여 설명했을 뿐, 그 외의 손자와 오자를 비롯한 많은 병서는 대개가 하나의 병진으로 종합적인 해설을 하였으니, 병서에 능통한 당 태종도 팔진법을 소상하게 몰라서 이정에게 질문을 했던 것으로 짐작된다.

한나라의 유향은 병가류(兵家流)의 책자를 구별할 때 혼돈을 피하고, 또 같은 종류의 중복을 없애려고 3문 4종으로 구분했다.

촉의 제갈량은 중국의 많은 병서를 여덟 개의 체제로 나누어 병법을 저술했으며, 이것을 실제로 병술화해서 병진을 구성했다. 실제로 제갈량은 병진을 형성할 때 반드시 팔진법의 근본인 천 · 지 · 풍 · 운 · 용 · 호 · 조 · 사 등 여덟 개의 형태를 언제나 완비하는 병진을 만들었으니 조조가 어떤 기묘술(奇妙術)을 쓰더라도 능히 방비할 병진이었다.

고대의 병략가들에게 전쟁이란 직업화 되다시피 해서, 그들은 일생에 백여 차례나 싸움을 되풀이하였다. 그러므로 여러 차례 패전했어도 결정적인 싸움에 한 번 승리하면 과거에 패전한 불명예를 씻을 수 있었고, 또 나라와 장수의 권익도 보존할 수 있었다.

후인들은 손자와 오자를 천하의 명장이라 칭송한다. 그런데 그들 역시 평생을 두고 근 백 번의 전쟁기록이 있는데, 그 중에는 승전과 패전 또는 화전 등의 양상이 점철되어 있다. 그들은 싸움에 져서 장수인 자신만이 살아남더라도 그것을 천행으로 알고 강력한 법치주의 체제에서 살상된 군사와 노병은 헌 신짝처럼 버리고 다시 군왕으로부터 새로운 병력을 얻어 얼마든지 싸움을 계속할 수 있었다. 이것이 손자나 오자 등이 실재했던 그 시대의 시대상이었다. 그러므로 장수가 전쟁에 나가서 한 번쯤 패할지라도 과히 허물로 삼지 않았다. 그래서 '한 번 실수는 병가의 상사'라는 말이 생겨났다.

그 당시의 실정을 보면 한 나라에서 전쟁을 할 때도 신중함이 없었고, 국왕이나 실권자 혹은 장수들이 한때의 감정이나 호기심에서 일어난 전쟁이 많았던 것도 사실이다. 그러므로 전쟁에 패해도 자신의 명예가 다소 손상되는 정도에 그쳤다. 고대의 전쟁에서는 한때 불리하여 일정한 지역에서 패전한 병세가 그 다음 지역에서 적군을 완전 섬멸하여 승리를 거둔 사례가 많다.

그러나 현대전은 한 번의 패전을 만회하기가 쉽지 않다. 현대전은 과학 전쟁이어서 진법을 구성하는 데에도 피아간에 서로 잘 알고, 또 군사도 치밀한 교육을 거쳐서 조직되는 까닭에 적군의 공격을 받아 일시나마 전세가 불리하면 전쟁구도 자체가 전반적으로 단시일에 충족하기가 곤란하다.

이와 같이 현대전은 그 양상과 방법이 모두 고대전과는 판이하여 때에 따라서는 단기간에 일정 지역에서 한 번의 전쟁으로 그 나라의 존망 자체가 좌우될 때가 많다.

15. 구정법(丘井法)[1]

태종이 물었다.

"병진의 수가 5로 시작하여 8로 끝나는데, 이것이 물상이 아니라 실제로 예로부터 있던 진이라면, 경은 그 진을 설명해 보시오."

이정이 대답했다.

"신이 상고해 보건대, 황제 때 처음으로 구정법(丘井法)을 세우고, 이에 따라서 병사의 제도를 제정하였습니다.

구정을 4개의 길로 나누면, 그 주위에 8가구가 있게 되어, 그 형상은 정(井) 자가 되고, 사방으로 열리는 곳 8개와 중앙의 1을 합하여 9개가 됩니다.

---

1) 구정법(丘井法) : 고조선의 정전법으로 온 나라의 농사제도를 정(井)자 모양으로 전답을 만든다고 해서 정전법이라 한다. 고조선의 정전제를 보면 1정(井)을 9백 이랑(畝)으로 하였고, 10정(井)을 1통(通)으로 하여, 민가 80가구를 살게 했다. 이와 같은 기준으로 사방 2리에 4정이 있으면 이것을 읍이라 했으며, 읍이 4개가 있으면 이것을 구(丘)라 했다. 이와 같은 정전법에 따라서 병제가 제정되어 군사, 병차, 융마(戎馬), 소, 갑사(甲士), 사졸 등이 이 제도에 따라 농사하는 장정들로 충족되었다. 병법에 흔히 만승천자(萬乘天子)란, 정전제에 따라서 만 개의 차를 뜻하는 것이므로, 왕도(王都)의 군왕을 뜻한다.

오진법이란 중앙의 빈 땅을 중심으로 4개의 빈 땅에 치는 진을 일컬음이며, 이것을 소위 5에서 일어난다고 합니다. 그 중앙의 빈 곳은 대장이 차지하고 4모서리를 둥글게 에워싸면 이것을 일컬어 8에서 끝난다고 합니다.

이 진이 변화하면 적은 혼란되고 어지러워져서 아군에게 제어되며, 아군은 난투가 벌어져도 혼란되지 않고 혼전을 하면서도 형상은 둥근 채로 그 병세가 흩어지지 않습니다. 이것이 소위 흩어지면 팔진을 이루고, 모이면 하나의 진세를 이룬다는 것입니다."

❖ 해설

앞 절에서 악기문이 황제의 지은 것이 아니라는 것을 설명했는데, 본 절에서는 이정이 구정법을 황제의 병법이라 했는데 이 역시 믿을 수 없는 사실이다.

앞 절에서 홍범9도가 주나라에 도입되어, 주나라의 사서에는 정전제의 병법제도가 전개되었음을 알 수 있지만, 주나라 이전인 황제 때에 정전제가 있었다는 것은 더욱 해괴한 사실이다.

무릇 고서를 살펴보면, 정전제는 고조선에서 발상되었다 한다. 그러므로 당나라가 고구려를 정벌할 그 당시에는 고구려·신라·백제 등 삼국은 모두 정전제에 따라서 왕도가 세워졌고,

지방 방백에 이르기까지 모두 정전법에 따르는 전야가 가꿔져 있었음이 현존해 있는 유적으로 능히 알 수 있다(조선시대 한구암(韓久庵)의 정제 참조).

그 중 한 예를 들면 요동 일대에도 한 개의 성지가 모두 정전(井田)의 형태로 되어 있어서 사면팔방 어느 곳으로 공략을 해도 난공불락의 형세였음을, 당시의 『당서(唐書)』가 입증해 준다.

이러한 바탕에서 태종은 고구려를 침공하려는 준비 작업으로 고구려의 강력한 팔진을 알기 위해서 이정에게 팔진법을 배운 것으로도 볼 수 있다.

만약 태종이 이정에게 물은 사실대로의 문답 내용이 있다면, 그 당시 고구려를 비롯한 동방 열국의 형세를 소상하게 알 수 있을 것이다. 그러나 고구려는 패멸하였다. 패장이 무슨 말을 할 수 있으랴! 그래서 그 시대의 사서가 승자의 마음대로 변질되어도 어찌할 수 없는 일이 아닌가!

16. 태공망의 제정(制定)

태종이 물었다.

"황제의 병제는 심오하오. 후세에 어느 누가 하늘과 같은 큰 지혜와 신묘한 계략을 지녔더라도 그 범위를 벗어나지는 못할 것 같으오. 이후로 누가 이어받을 만한 사람이 있겠소?"

이정이 대답했다.

"주나라가 처음 일어날 때에 태공망이 그 법을 배우고 닦아서 처음으로 기도(岐都)에 나라를 세우고, 정묘(井畝)에 따라서 융차(戎車) 3백 량과 호분(虎賁=용맹스러운 군사) 3천 명으로써 군사제도를 세웠고, 6보 7보하여 대오를 정돈했으며, 6번이나 7번씩 적과 대전하여 싸울 때라도 진용을 정돈하게 전법을 가르친 후 목야 땅에 병진을 이룩했습니다.

태공망은 이때 백부지장을 내세워서 군사를 통제한 것이 뜻을 이루고 무공을 세워 4만 5천 명으로 주(紂)의 70만 무리에 승리하였습니다. 주나라의 사마법(司馬法)은 본래 태공망의 병법입니다. 태공망이 세상을 떠나고 제나라에서 그 법을 얻어서 환공에 이르러 천하의 패자가 되었으며, 관중을 기용하여 다시 태공망의 병법을 고쳐서 이른바 절제 있는 군사를 만들어서 마침내 제후들을 복종시켰습니다."

❖ 해설

본 절에서 태종이 황제의 병법을 물었지만, 이정은 황제의 용병술은 설명하지 않고, 다만 성지(聖智)를 가졌다고 찬양했다. 성지는 천하를 얻는 데 큰 사상적 바탕이 된다. 이것을 병법에서는 장수의 뜻, 즉 장지(將志)라고 한다.

원래 군사는 만부득이할 때 동원하여 반적이나 악인을 살상하는 까닭에 흔히들 불상지기(不祥之器)라 한다. 이와 같이 나라의 막강한 힘인 군권을 장수에게 맡기는 것은 오직 나라의 안위를 위함이다. 이렇듯 막강한 힘과 권한을 가진 자리인 만큼 장군에게는 원대한 포부와 함께 애국충절이 요구된다. 만약 그렇지 못하다면 장수의 막대한 힘과 권능이 사사로이 쓰일 것이다. 그러므로 장수에게는 엄격한 포부와 원대한 뜻이 얼마나 큰지가 평가의 기준이 된다.

더욱이 고대의 정치는 오직 군왕을 위주로 하고 군왕에게 절대 권력이 있어서 군주에게 절대 복종하는 시대였다. 즉 장군일지라도 그에게는 오직 그의 주장인 군왕만이 존재하지 다른 생각을 하면 안 되었다. 그러한 군주정권 시대에 장군이 소속해 있는 통치자 이전의 군왕이나 명장들의 숭고한 정신을 본받는 사상을 장군의 포부 혹은 뜻이라 했다. 이것은 장군이 군왕에 대한 충성의 목표를 무궁한 그 나라의 영토와 백성을 사랑하는 것 외에 숭조(崇祖)의 정신을 함양하는 것이라 할 수 있다.

이런 제도를 전제국가의 군주제도라 하지만, 그 나라의 국민과 영토는 군왕도 어떻게 할 수 없는 절대적이고 신성하다. 그러므로 그 시대에도 많은 학자들이 민본주의를 주장하여 군왕은 만민의 군왕이지 그 자신 한 사람의 것이 아니라고 주장하여, 군왕의 전제권을 만민의 뜻에 역행하지 말라고 했다.

따라서 장수들의 사상도 발전하여 자신이 처해 있는 군왕 이전의 군왕이나 명장들의 행적을 본받은 예가 많았다. 이러한 사상 경향은 중국의 주나라 말엽에서 수나라에 이르기까지 많이 성행되었다.

그 예를 들면 관중은 제나라 환공을 죽이려던 적장이었으나 그의 패도 사상에 끌려서 재상으로 기용되어 자신의 포부를 펼쳤으며, 또 한 고조는 항우의 장수였던 한신의 전술을 높이 평가하여 그를 기용했다.

헤아려 보면 그 시대에도 공자를 비롯하여 중화사상을 부르짖는 학자들의 사상이 통치가들에게 침투했지만, 당송시대와 같이 철두철미하게 중화사상이 각 분야에 물든 시대는 아니었다.

그런데 주권자가 자기 아닌 그것도 원수의 장수를 믿고 막대한 군권을 그 장수에게 주었다면 그것이 주권자의 도량이나 통치의 야욕이기도 하겠지만, 큰 뜻은 상고로부터 내려오는 영토와 국민이란 것이 주권자의 사상보다 앞섰다고 본다.

이러한 바탕에서 이정은 황제 이래 주나라를 통일 국가로 만든 강태공, 그리고 열국의 제후를 권위로써 굴복시킨 제나라의 관중을 예로 들었다. 이런 이정의 사상은 곧 그의 포부로써 돌궐을 평정했고, 고구려 · 백제 · 신라 등을 모두 굴복시켜 천하의 황제로 당 태종을 만들겠다는 뜻이 밑바탕에 깔려 있다.

그러므로 장수인 자는 그 포부가 원대해야 된다. 장수의 기능이 아무리 유능하고 용맹할지라도 그 뜻이나 포부가 미천하다면 그 장수는 삼군을 통솔할 자격이 없다.

우리나라의 명장인 을지문덕, 연개소문, 김유신, 강감찬, 이순신 장군 등은 그 포부가 원대하여 옛 성조들이 아끼고 지켰던 땅을 한 치라도 빼앗기지 않고 지키기 위하여, 주권자들이 화전(和戰)을 주장했지만 이를 듣지 않고 적군을 분쇄했다.

이러한 사실은 장군들의 원대한 포부에서 유래하는 것으로 만고의 귀감이 되는 행적이며, 후대의 장수들이 그 정신을 계승한다면 그 나라는 장수들의 포부대로 영구할 것이다.

17. 관중병법(管仲兵法)

태종이 물었다.

"유학자들은 관중은 패권자의 신하라는 말을 많이 하오. 그것은 그의 병법이 특별한 왕자(王者)의 제도임을 모르는 까닭이오. 제갈량은 왕업을 보좌할 재능이 있었는데, 그는 자신을 관중과 악의에 비교했소. 이것으로 보아도 관중 역시 왕을 보좌할 만한 인물이오. 단지 주나라가 쇠퇴하여 왕이 관중을 기용하지 않았으므로, 그는 제나라에서 군사를 일으켰던 것으로 짐은 알고 있소."

이정이 재배하고 대답했다.

"폐하께서 사람을 알아보시는 것이 이렇게 신묘하고 성지이시니, 폐하를 모시는 노신은 죽어 옛날 어진 분들을 대할 때 추호도 부끄러울 것이 없겠습니다.

신이 관중이 제나라를 다스린 군제에 대하여 말씀드리겠습니다. 제나라를 삼분하여 이것을 3군으로 했으며, 그 편성에는 5가구를 1궤(軌)라 한 것을 본받아 5명을 오(伍)로 했으며, 10궤가 1리(里)이므로 50인을 1소융(小戎)으로 했으며, 4리가 1

연(連)이므로 2백 명을 1졸(卒)로 했습니다. 또 10연이 1향(鄕)이였으므로 2천 명을 1여(旅)로 하고, 5향을 1사(師)로 정하여 1만 명을 1군으로 정하였습니다. 이것 역시 사마법(司馬法)에서 유래한 것이며, 1사를 5여로 나누고, 1여는 5졸이라는 뜻인데, 이 모든 것이 사실은 태공이 남긴 병법입니다."

❖ 해설

본 절은 관중의 자격을 논한 것으로서, 장수의 뜻에 방향을 제시한 구절이라 할 수 있다.

관중의 패도정치는 주로 법가(法家)의 이론을 많이 인용했다. 공자 이래 존주사상의 영향을 많이 받은 유가들은 관중의 패도정치를 의심하였다.

더욱이 관중의 패도정치 이래 주말에는 전국책 등이 난무하여 대혼란을 가져왔다. 이에 통치가들은 패도정치를 증오하고 왕도정치를 찬양하였다. 이런 연장선에서서 한 고조도 처음엔 패도정치를 하려 했으나 장량의 계략대로 존주사상을 위주로 한 왕도정치를 하였다. 이러한 사상적 영향을 받아 당나라 중엽까지 묵가나 선도 사상이 행세할 수 있었다. 그러나 당나라 중엽부터 송나라에 이르는 동안에 중화사상도 체계화되어 묵가나 선도 등은 배격 당하였다. 특히 병가에서는 그 정도가 더욱 심하였으며, 백락천(白樂天)과 소동파(蘇東坡) 등은 선도 사상을 지녔다고 해서 관직에서 물러나야 했다.

이상과 같이 그 당시에도 병권을 부여받는 장군의 사상과 포부를 지극히 중요하게 다루어 왔다.

태종이 이정에게 일부러 유가에서도 제갈량을 존경하는 대상이 된 것을 예를 들면서 제갈량 같은 어진 재상도 관중이나 악의(樂毅)[1]를 찬양했다는 구절을 놓고 질문했다.

이에 이정은 조심스럽게 관중의 인물됨을 논했고, 다시 관중에게도 왕도사상이 있었음을 입증하기 위하여 태공망의 사마법을 인용하는 동시에 병사의 조직에서도 주나라의 정전제에 따라서 삼군을 편성했던 사실을 명백하게 설명했다.

춘추시대에 제나라와 연나라는 동방과 교역이 많고 문화도 발전했었다. 그러나 중원을 중심으로 한 한민족의 문화가 중화사상 일변도로 흐르고부터는 제나라나 연나라 등은 정통성을 인정받지 못하는 시대가 있었다.

---

1) 악의(樂毅) : 위나라 사람인데 연나라 소왕은 그의 지혜를 미리 알고 초빙하여 아경(亞卿)이란 벼슬을 주었으며, 제나라를 격파한 공으로 창국공(昌國公)이 되었다. 그러나 소왕이 죽은 뒤 그 아들 혜왕이 그를 미워하자 조(趙)로 망명하여 조왕의 후대를 받고 망국공(望國公)이 되었다. 군략에 뛰어났다.

18. 사마법의 진부(眞否)

태종이 물었다.

"사마법은 사람들이 말하기를 양저(穰苴)가 저술한 것이라고 하는데, 이것이 사실이오? 아니오?"

이정이 대답했다.

"살펴보건대 『사기』에 나오는 양저의 전기를 보면, 제나라 경공 때 양저는 용병에 능하여 연나라와 진나라 군사를 이겼습니다. 경공은 그를 귀히 여겨서 사마 벼슬을 주었습니다. 이로부터 그를 사마양저라 했고, 그 자손들을 사마씨라 부릅니다. 그 후 제나라 위왕(威王) 때에 이르러, 사마법을 추론하고, 양저의 군사학을 배워서 함께 저술하였습니다. 이렇게 되어 사마양저의 명서가 수십 편이 남아서 오늘날 전해집니다. 병가들은 이것을 권모, 형세, 음양, 기교의 4종으로 나누었지만, 이것은 모두 사마법에서 유래합니다."

태종은 다시 물었다.

"한나라 장량과 한신은 병법의 서차를 무릇 182가(家) 중에서 취사선택하여 쓸 만한 것을 35가로 정했는데, 오늘날 그것이 하나도 전해지지 않으니, 그것은 어떻게 된 것이오?"

이정이 대답했다.

"장량이 배운 것은 태공의 『육도삼략』이요, 한신이 배운 것은 양저와 손자, 무자의 병법입니다. 그러나 대체로 3문(門) 4종(種)에 지나지 않습니다."

태종이 다시 물었다.

"3문이란 무엇이오?"

이정이 대답했다.

"신이 생각건대 태공망의 모략 81편은 소위 음모에 해당되는 말로서 그 무궁무진함이 다할 수 없고, 또 태공의 말 71편은 용병으로서 그 무궁무진하기가 이를 데 없으며, 태공의 병 85편은 재정에 관한 것으로 이것도 무궁무진합니다. 이것을 3문이라 합니다."

태종이 다시 물었다.

"그러면 4종은 무엇이오?"

이정이 대답했다.

"한나라의 임굉(任宏)이 그에 대해 논하였습니다. 대체로 병가에서 권모를 1종, 형세를 1종, 음양과 기교를 각기 1종으로 나누어 2종이 되니 이렇게 4종입니다."

❖ 해설

본 절에서는 중국의 병서가 어떻게 해서 수천 년 동안 보존되어 오는지를 여실히 보여준다. 이 점에 대하여 고전 문헌이 없는 우리의 처지로서는 실로 안타까운 일이기도 하고, 한편 그들이 옛 현인을 숭상하고 받드는 면은 크게 본받을 일이라 하겠다.

우리가 알기에 사마양저는 용병에도 능통하지만 군사학에도 대가인 것으로 알고 있다. 그러나 이정의 증언을 들어보면, 그는 오직 용병술에 능하여 제나라의 명장으로 일시 공을 세웠을 뿐인데, 후대에 이르러 제나라 위왕이 그의 용병술을 숭상한 나머지 양저의 용병술에 태공망의 사마법을 첨가하여 사마양저의 저서로서 출간했다고 하였다.

이러한 점은 그들이 명예나 공리를 버리고 오직 옛 명장들을 얼마나 아끼고, 또 나아가서는 나라를 위한 공적과 전술을 얼마나 아끼고 소중하게 생각했던가를 알 수 있다.

그러한 풍조는 군사적인 면만이 아니라 통치나 문학 분야에서도 찾아볼 수 있다.

공자 이래 제자백가가 출현했지만, 공자보다 아무리 문재가 있는 학자이더라도 공자의 글에 주석을 달아 원문에 보충은 할지언정 자기의 독창적 의견을 내세우지는 않았다.

이와 같이 일국의 군왕이 지난날까지의 신하를 숭상하여, 자신이 수집하여 만든 군사학을 공신의 이름을 내세워 후세까지 전하게 한 그 풍조는 실로 우리들의 귀감이 된다.

생각건대 우리나라에도 그들에 못지않은 뛰어난 명장들이 많고 또 위대한 전승 사적도 많다. 그러나 옛 우리 명장들의 병법에 대한 문헌은 한 권도 없고, 오직 중국 무경칠서에만 의존했던 점은 실로 통탄할 일이다.

19. 수렵과 훈련

태종이 이정에게 물었다.

"사마법의 서두에 사냥하는 것이 수록되어 있는데 무슨 까닭이오?"

이정이 대답했다.

"시절에 따라서 사냥을 하고, 잡은 짐승을 신에게 바쳐 제사를 지내는 일을 소중하게 여겼습니다. 주나라 이전에는 이것이 최대의 정사였습니다. 성왕 때는 기양(岐陽)의 수렵이 있었으며, 강왕 시절에는 수렵을 권장하기 위하여 제후들을 풍(酆)궁 조정으로 모이게 했고, 목왕 때에는 도산에서 회맹을 하였는데, 이런 행사는 천자가 하는 일입니다.

주나라가 쇠하여 이에 미치지 못하자, 제나라 환공이 군사를 거느리고 제후들을 소릉에 모이게 했으며, 진나라의 문공은 천토(踐土)에서 회맹을 했는데, 이것은 제후들이 천자를 받드는 일이었습니다. 그러나 병사에는 사마법의 구정법에 의하여 나라의 위엄을 세우고 복종하지 않는 제후들을 깨우쳐주기 위하여 조회의 명목을 빌려 천자가 친히 순행하는 중에 수렵을 했으며, 이때는 군사들도 무장을 하였습니다.

나라에 일이 없을 때는 군사를 함부로 거병하지 못하게 하며, 반드시 농한기가 되면 무비(武備)를 하게 하였습니다. 그러한 연유로 사마법 서두에 사냥하는 것을 수록하였으니, 그 뜻이 깊지 않습니까?"

❖ 해설

본 절은 사마법의 첫머리에 있는 사냥에 대한 문답이다. 즉 사냥과 군사훈련의 관계를 논하였으나, 그 내용에서는 정치적인 내용이 깊이 깔려 있다.

겉으로는 사냥을 해서 잡은 짐승을 신에게 바친다는 구실로 국가적으로 신앙심을 북돋우는 사냥을 권장하였다. 그러나 그 이면에는 그런 행사를 통해 강력한 군사를 만들 뿐만 아니라, 제후들까지도 능히 통솔하는 계기가 되므로 이 행사는 군왕으로서 일거양득이 된다.

사마법의 첫머리에 순수가 있음은 군사를 훈련하는 데도 좋은 계기가 되고, 군왕 자신도 군사훈련의 묘미를 체득하는 뛰어난 국가 행사이다.

원래 군사는 군왕의 수족이지만, 군사훈련에는 많은 경비가 소모된다. 그러다보니 평화로울 때는 군사의 훈련이 새삼스러워 등한히 하기 쉽다.

그러나 제후들이 모이는 회맹 등에서 군사들이 사냥하는 슬기로운 모습을 관병하며, 또 그들이 잡은 짐승으로 신에게 제사를 올리는 동시에 맹약하는 것은 그 절차나 목적에 있어서도 훌륭한 방법이다.

사마법을 만든 것이 태공망이듯이 그의 『육도삼략 · 문도편』에서 통치의 법을 낚시의 묘법으로 풀이한 것과 같은 지혜가 없고서는 군왕이 그릇이 될 수 없다.

대체로 고대는 토속신앙 시대인데, 신앙에 밀착시켜 제물을 마련하는 방법으로 군사를 훈련시킨 것이 다소 역설적이긴 하지만 그 내면을 들여다보면 합리적인 방법이었다.

사실상 그 시대의 풍속기를 보면 샤머니즘의 신앙을 군왕이 원하든 안 하든 뭇 사람들은 군왕에 대한 두려움을 달래는 방법으로 신을 믿지 않을 수 없었다.

그러나 군왕의 회맹에 참석하여 자신의 미약한 심정을 신에게 호소하고, 그 위에 군사들이 사냥한 짐승의 고기를 만끽한다는 것은 당시의 민심으로 보아서 크게 어긋나는 것은 아니다. 즉 신 + 사냥 + 군사훈련의 결과는 통치에 성공하는 방법이기도 하고 거병하여 살상과 약탈과 파괴의 과정을 거치지 않고, 정치를 원만하게 하는 수단으로서 이 행사는 군왕의 정략이기도 하였다. 동시에 군왕이 사냥에 친히 임하는 까닭에 군왕과 군사들 사이의 거리감을 좁히는 좋은 결과를 가져올 수도 있었을 것이다.

이정은 사냥에 대하여 주례(周禮)를 들어 선정의 수단이라고 찬양함과 동시에 주나라가 강성할 때인 성왕, 강왕, 목왕 시대에는 사냥을 빙자한 회맹이 있었지만, 주나라가 쇠퇴하여 회맹을 못하자 제나라의 환공이 주나라의 사마법을 계승하여 강력한 군사를 편성하고 동시에 열국의 제후를 통합했음을 설명하였다.

또 그는 사마법을 인용하여 군왕은 군사를 경망스럽게 쓰지 말 것이며, 오직 국가의 중대한 안위를 위해서만 거병할 것을 강조하였다. 특히 군사를 훈련하거나 사냥을 하는 것도 춘하추동 네 계절 중에 씨 뿌리는 봄, 농사짓는 여름, 수확하는 가을은 농번기이므로 농민을 동원하지 말라고 권장하면서, 농한기 즉 농사에 틈나는 겨울에만 사냥을 하라고 하였다.

20. 이광법(二廣法)

태종이 물었다.

"춘추시대인 초나라의 장왕(莊王) 시기에 이광지법(二廣之法)이라고 하여, 나라의 백관이 모두 물상과 같이 움직이니 군정의 대비가 따로 필요치 않았다고 하였소. 이것 역시 주나라의 제도이오?"

이정이 대답했다.

"생각건대 『춘추좌전』에 이르기를 초 장왕 때의 전차인 광차(廣車)는 30대로 편성하고, 각 광차에 1졸(卒)을 두고, 거기에 1양(兩)을 추가 편성하였습니다. 군사가 행진할 때는 오른쪽으로 멍에끈을 메고 대열하여 진군하였는데, 이것을 멍에를 끄는 법이라 합니다. 그렇게 멍에를 감싸고 싸우는데, 이것은 모두 주나라의 제도입니다. 신이 이르기를 100명을 1졸, 50명을 1양이라 하였는데, 이것은 그 광차 1대에 사졸 150명이 탑니다. 이것은 주나라 제도와 비교하여 군사가 많은 것에 차이가 있습니다. 주나라는 광차 1대에 보병 72명에 갑사 3명으로 구성되는데, 이를 25명씩 나눈 것을 1갑이라 하여 3갑을 합하면 모두

75명이 됩니다.

초나라는 산과 늪의 나라여서 수레는 적고 사람은 많아서 이것을 나누어 3대로 한 것이므로 주나라 제도와 같습니다."

❖ 해설

본 절에서는 군비를 평상시에 충분히 갖추어두면 유비무환이므로 불시에 전쟁이 일어나도 적군을 능히 격퇴할 수 있음을 주장하였다.

이정은 군사의 계비(戒備) 중에서 당시 소중하게 여기던 광차인 전차부대를 운영에 관한 사례로, 초나라의 제도를 설명하였다.

이정은 초나라 장왕 때 군국지책(軍國之策)이 얼마나 잘 되었으며, 그 나라의 문무백관이 군왕의 명령만 있으면 하나의 물상이 움직이듯 질서 있게 움직였음을 강조하였다. 즉 장수가 장령을 내리면 정기가 절제 있게 움직이고, 또 북과 꽹과리 등이 울리고 함성을 올리는 것 같은 형상을 물체의 형상이 율동하는 것에 비유하였다. 더불어서 이정은 초나라의 병차제도를 거론했고, 따라서 광차의 운영하는 방법을 소상하게 설명하였다.

이것이 당시에 군에서 총애를 받던 병차의 제도이다. 광차는 당시 서융에서도 많이 썼다는 고대의 전사기록을 미루어 보면 이동하는 민족들 중에서 흔히 쓰던 것으로 생각된다. 그 편성은 하나의 광차부대가 좌우 두 개의 편대를 이루고, 한 편대는 밤 12시부터 낮 12시까지 12시간을 경비 근무를 하고, 또 한 편대는 정오 12시부터 밤 12시까지 12시간을 근무하는 교대제도로서 두 개의 편대로 경비하는 것을 이광제도라 했다.

우리가 특별히 주의를 기울여 볼 점은 이 이광제도를 주나라 제도와 별 차이가 없는 대동소이한 것이라고 했는데, 그것은 존주사상(尊周思想)을 앙양하기 위해 주나라의 병차제도를 높이 평가한 것이다.

원래 광차는 병차의 모차(母車) 구실을 하였는데, 이동 민족에게는 절실히 필요했다. 즉 제차의 지휘를 하는 병차의 구실을 하지만, 실전에서는 그 성능이 크게 모자랐던지 전쟁이 많았던 전국시대에는 크게 쓰이지 않은 것으로 보인다.

그런데 본 절에서 백관이 물상이 움직이듯 능숙하게 움직인다는 것은 군략에 속하고, 광차의 운영과 그 방법을 소상하게 한 것은 계비(戒備)에 속한다.

그러나 광차가 주나라 제도에서 유래했다고 옛 조상들의 숭조정신(崇祖精神)을 고취하였는데, 이것은 이정이 정치를 중시하여 잊지 않고 강조한 것이다.

21. 순오(荀吳)의 차(車)

태종이 물었다.

"춘추시대 순오가 북적을 칠 때 병차를 버리고 진군했는데, 이것이 정병이오? 기병이오?"

이정이 대답했다.

"폐하! 이것은 순오가 병차를 쓰는 방법일 뿐입니다. 설사 병차를 버려두었다 하지만, 그 병차의 전술이 남아있는 것인즉, 순오가 병차제를 폐지한 것은 아닙니다. 그때의 전황을 보면 한 부대는 좌각, 한 부대는 우각, 한 부대는 앞을 막게 3대로 나눈 것은 병차제를 그대로 따랐습니다. 이것은 병차 1대만의 전술이지만, 천만 병차가 있어도 모두 이와 같을 것입니다.

신이 미루어 생각건대 조조의 『신서』에 이르기를 공격하는 병차 1대에는 75명으로 편성되는데, 전면을 막는 것이 1부대, 좌우각에 2부대, 수비하는 병차 1대에는 취사병 10명, 차의 장비를 지키는 군사 5명, 말과 소의 마구간 5명, 나무를 하고 물 긷는 군사 5명 등 모두 25명으로 편성하였습니다. 그렇게 공격용 병차 1대와 방비용 병차 1대, 즉 2대에 모두 100명으로 편성되어 10만의 무리를 일으킨다면 병차는 1천 대입니다. 중차와 경차를 각각 1천 대씩 2천 대로 한 것은 대체로 순오의 낡은 병법입니다.

또 한나라와 위나라의 군사제도에는 병차 5대로 1대(隊)를 편성하여 복야(僕射) 1명을 두었고, 병차 10대를 1사(師)로 하여 솔장 1명을 두었습니다. 그리고 병차 1천 대에는 장군과 부장 2명을 두었고, 병차가 아무리 많더라도 모두 이에 준하였습니다.

신이 지금 그 제도를 참고하여 군제를 편성한다면 옛날의 도탕대는 오늘의 기마대로 하고, 옛날의 전봉대는 보병과 기마병의 수를 각기 그 반씩으로 편성하며, 주둔하다가 출격하는 부대는 병차에 편승하도록 하겠습니다.

신이 서쪽의 돌궐을 칠 때 수천 리의 험준한 산악을 넘어서 진군했지만, 이 병제를 감히 바꾼 일이 없습니다. 오직 옛 법을 활용하는 데 그 절도를 가려 존중해야 한다고 믿습니다."

❖ 해설

본 절에서 태종은 이정에게 진나라의 순오가 북적을 칠 때, 전차를 쓰지 않고 싸운 상황에 대해 물었다.

그 당시 북적의 군사는 주로 기마술이 발달되었고, 또 산악

지대에서는 병차를 동원하여 싸울 지형조건이 아닌 까닭에 병차를 쓰지 않았을 것이다.

따라서 이정은 순오가 병차를 차고에 둔 채 다만 적을 공격하는 방법을 바꾼 것에 지나지 않으며, 그렇다고 병차제도를 없앤 것은 아니라고 주장했다.

원래 병차를 준비해두는 것은 병차를 쓸 만한 형세, 즉 지형이 평탄하고 또 적의 병세가 보병일 때 좋은 무기로 쓰기 위함인데, 험준한 산악전에서 통로가 비좁은 곳을 어떻게 병차를 몰고 싸울 수 있으랴. 또 그 지형이 평지라 하더라도 적군은 날쌘 기마병이라면 단기로 달리는 말을 육중한 수레와 무기를 실은 소와 말이 어찌 감히 대항하고 추격할 수 있으랴. 이럴 때는 병차는 놔두고 적과 같이 단기의 말을 타고 추격해야 될 것이다. 이렇듯 전장의 상황에 따라 병차를 쓰지 않았을 뿐이지 병차 자체를 폐지했다는 것은 아니다.

대략 순오의 전술을 살펴보면 북적의 기마병이 험준한 산계곡으로 도망쳐 유인하자 순오는 여기에서 결전을 할 생각으로 엄중한 명령을 내렸다. 병차는 느리므로 적군을 추격할 수가 없으니 병차에 타고 있는 모든 군사는 내리라고 명령을 하였다. 그러나 군사들은 병차에서 내려서 행군하는 것을 좋아하지 않았다. 그러자 순오는 명령에 불복하는 군사를 즉석에서 참형했다. 장수의 준엄한 명령이 두려워 결국 병차에 타고 있던 군사는 다투어 차에서 내렸고, 이에 순오는 병차의 군사로 보병을 편성하여 북적을 추격하여 결전을 했다.

이러한 형세에 위와 같이 대처한 것은 정병술에 속하지 기병술이 아니다. 정병과 기병의 한계는 오직 적과 대진했을 때의 상황을 일컬음이지 그 병세가 병차나 기병에 있는 것이 아니다.

또 이정은 이르기를 조조의 병차제도와 자신이 돌궐에 원정했던 예를 들어가며 옛날의 병제가 훌륭하다고 하였다. 즉 그는 구법절제 신가중야(舊法節制 信可重也)라 하여 아무리 명장이더라도 옛 법을 잘 절제하여 쓸 것을 권장했다. 이는 흔히 자신에게 조금의 재질이 있으면 옛날 성현들이 만든 것을 무시하려는 것을 경계하는 구절이다. 조조가 위나라의 왕이요, 삼국이 각축하던 시대에 조금의 지혜가 있어서 병제를 자신이 만든 것 같이 『신서』라 했지만, 사실 『신서』의 내용을 분석해 보면, 결국 옛날의 구법을 다소 조절 변경했을 뿐 새로운 것이 아니라고 지적한 점은 이정이 명장다운 장수로 여겨지는 대목이다.

22. 군정술(軍政術)

태종이 영주에 행차했다가 돌아온 후, 이정을 불러 친히 앉기를 권하고 물었다.

"짐이 도종(道宗)과 아사나사이(阿史那社爾)에게 명하여 설연타(薛延陀)를 토벌하게 했소. 이때에 철륵의 부락에서는 애걸하여 한나라 사람을 관아에 두어 달라고 하기에 짐은 그 청을 받아들였소. 연타는 서쪽으로 도망쳤지만, 그 후환이 두려워 이적을 보내서 토벌하게 했소. 그리하여 지금은 북녘의 거칠고 막막하던 곳이 평정은 되었소. 그러나 그곳에는 번족과 옛 한나라 사람이 뒤섞여 살고 있는데, 그들이 서로 어울려 편안히 살게 할 방안이 없겠소?"

이정이 말했다.

"폐하께서 칙명을 내려 돌궐을 친 후 회흘 부락에 이르기까지 무릇 역사(驛舍) 66개소, 이와 통하는 척후소를 만들어 연결하여 항상 그들의 동정을 살피는 방책을 써오셨습니다. 그러나 어리석은 신의 소견으로는 부락마다 한인과 번인으로 각각 하나의 부대를 편성하여 그들의 훈련에는 혼동하지 말고 구별해야 됩니다. 혹시 적군이 침략해오면, 은밀히 주장에게 내명하여 적과 싸울 때는 기호를 변경하고 복장까지도 바꾸어 입고 출전하는 기계(奇計)를 써야 합니다."

태종이 다시 물었다.

"어떠한 방도란 말이오?"

이정이 대답했다.

"이는 '갖은 수단으로 적의 실수를 유인한다'는 전술입니다. 번인에게 한복을 입혀 번인을 한인으로 알게 하고, 또 한인이 번인의 복장을 하면 역시 그들은 잘 모를 것입니다. 이렇게 해서 그들이 똑똑히 구별을 못하게 하여 그들이 공격이나 방어에 능하지 못하게 하는 것이 용병을 잘하는 것입니다. 그리 되면 적군은 예측 못했던 계략에 빠져서 작전이 어긋나게 됩니다."

태종이 숙연히 말했다.

"경의 방책이 진정 짐의 마음에 합당하오. 경은 은밀히 변경의 장수들을 가르쳐서 오직 번인과 한인 군사가 기호와 복장을 달리하는 기병술을 쓸 수 있게 해 주시오."

이정이 재배하고 아뢰었다.

"폐하의 성스러움은 하늘이 내린 바로서 하나를 듣고 열을 아십니다. 신이 어찌 폐하께서 묻는 말씀을 헤아릴 수 있겠습니까?"

❖ 해설

이정이 태종에게 변방 땅을 침탈하고 나서 그곳 백성과 한족이 서로 어울려 살아갈 방안을 말한 것으로 이것은 군략술에 해당된다.

이정의 계략은 한족과 번족을 표면상으로 같은 형태를 갖게 하여 번족이 내란 혹은 침략해올 때 적군을 혼동하게 하는 작전을 써서 싸우자고 하였다. 이런 계략은 군략에 속한다. 평소에 척후병을 보내서 적의 동정을 알고, 이편의 허실을 모르게 하는 것은 결국 전투에 임하여 적을 혼란케 할 때 쓰는 방략이다.

이정은 용병술에 능한 자라면 평소에 여러 방법을 써서 이편에서 어떤 방법으로 공격 혹은 수비하는지를 적군이 모르게 해야 한다고 하였다. 태종이 변방을 통치하는 데 어떻게 그들이 반항을 하지 않게 하고 한족과 친근하게 어울려 살게 할 것인가를 물었으나, 이정은 그 물음에는 아무 대답을 하지 않고, 오직 군략을 설명하였다. 그것은 그들이 필시 현재는 무력에 눌려서 평온한 것 같지만, 머지않아 반드시 반항할 것이라고 생각하여 반란이 있을 때의 대비책을 설명하였다.

만일 이정이 태종의 질문에 따라 번족과 한족이 화친하여 영구히 살아갈 방안을 말했다면 이것은 정략에 속하는 방책이다. 그러나 이정은 자신이 돌궐을 평정한 경험이 있고 돌궐의 형세를 잘 아는 터이므로, 영구한 정략에 대하여는 일언반구도 없이 유사시에 대비할 군략을 설명한 것으로 해석된다.

23. 옛날 법의 필요성

태종이 물었다.

"제갈량의 말에 절제 있는 군사는 장수가 무능해도 패하지 않는다고 하였소. 그러면서 절제 없는 군사는 유능한 장수가 지휘를 해도 이길 수 없다고 했소. 짐은 이 말이 극단의 논법이 아닌가 생각되오."

이정이 대답했다.

"무후(제갈량)의 말은 절제를 강조하기 위한 말일 따름입니다. 신이 살피건대 손자는 군사의 교육이나 연습이 분명치 않고, 장교와 사졸이 한결같지 못하며, 진법이 종횡으로 엇갈리는 것을 어지러운 군대라 했습니다. 자고로 군사의 군기가 문란한 군대로서는 승리할 수 없습니다. 그것은 도가 분명하지 않고, 교열 때 옛 법을 무시하는 것을 일컬은 것입니다. 장교와 사졸 사이가 한결같지 않고, 그런 권능과 임무가 장교와 군사들 사이에 전쟁 없이 오래 계속된다면 문란한 군대가 되어 자기 스스로 궤멸되는 것을 일컬은 말이며, 적이 싸워서 이기는 것이 아닙니다.

그러므로 병졸에게 절제가 있으면 범상치 못한 장수라도 패하지 않고, 만일 병졸이 스스로 문란해지면 어진 장수가 있더라도 위태롭다는 무후의 말을 또 어찌 의심하겠습니까?"

태종이 물었다.

"교열하는 법도는 참으로 소홀히 할 수 없소."

이정이 말했다.

"군사에게 올바른 것을 가르치고, 군사들은 배운 것을 법도에 맞게 쓰면 즐거움이 됩니다. 만일 가르치는 것이 법도에 어긋나면 아침부터 저녁까지 독려하고 꾸짖어도 아무 소용이 없습니다.

신이 옛 군제를 애써서 수집하여 도표를 편찬하는 것은 절도 있는 병제를 수립하고 모든 군사를 절제 있는 군사로 만들기 위해서입니다."

태종은 이정의 말을 듣고 말하였다.

"경은 짐을 위하여 옛 법 중에서 좋은 것을 골라 모두 도표로 만들어 짐에게 바치도록 하오."

❖ 해설

본 절에서는 군사 운용의 절제를 강조하였다. 태종이 이정에게 제갈량이 절제를 중시하여 절제 있는 군사라면 무능한 장수가 지휘해도 패하지 않는다고 하였는데, 너무 지나친 말이 아니냐고 질문하자, 이정은 제갈량의 주장이 옳다고 변호했다.

이정은 태종에게 답하기를 자신은 장수나 군사를 절제 있게 만들기 위해 그동안 옛날의 성인 병가들이 아껴 쓰던 옛 법을 수집하고 또 소상한 도표까지 만들고 있다고 했다.

제갈량은 장수가 강하려면 오직 높은 절제를 알고 이것을 뭇 군사에게 권장할 줄 알아야 한다면서 높은 절제가 없으면 그 부모에게 불효가 되고 또 신의로써 벗을 사귀지 못하리라고 지적했다. 또 절제를 지키지 않으면 나라에 충성할 수도 없고, 또 장수가 되어 뭇 군사를 사랑할 수도 없음을 일깨웠다. 이정이 무엇 때문에 옛날의 충신 명장들의 행적을 책자나 도표로 그려서 이것을 권장하기에 애썼는지 가히 짐작이 된다.

이와 같이 절제는 도(道)에 해당하며, 장군이나 군사에게 절제가 없으면 군사에 가장 소중한 군기가 문란하여 그 군대는 스스로 자멸할 것이고, 적군이 쳐들어오면 싸워보지도 못하고 질 것이다.

절제는 군사 분야만이 아니라 한 사회 혹은 한 나라도 마찬가지이다. 상하의 질서가 없어 사회가 문란하면, 아무리 어진 정치가가 있더라도 그 사회나 국가를 바로잡기가 어렵다. 하물며 엄격한 군기가 요구되는 군에서 규율이 문란해지고, 군사들의 행동이 질서를 잃으면 천하의 명장일지라도 어떻게 그 군대를 통솔하여 적과 싸울 수 있으랴. 절제는 군대의 생명이며 도라고 갈파한 이정이 절제 있는 군사를 만들려고 애써 옛 병제를 편찬한 것은 당연한 책무이기도 했다.

대체로 이정의 문답에서는 제갈량의 전략 전술이 많이 논의된다. 그것은 태종의 질문 때문이기도 하지만, 그보다는 당나라 초기에 제갈량의 전술이 많이 통용되었던 경향도 있다.

이정은 고구려로부터 현인들의 병서를 수집하였을 것으로 짐작되고, 그의 문답서에는 많은 명장의 전기나 병법이 논의된다. 그는 태공망, 관중, 손자, 무자 등 많은 전술가의 병법을 전사(戰史)를 들어가면서 비평했고, 그 가운데서도 태공망, 손자, 제갈량의 법도에 치중하여 말하였는데, 실제로 병사에서는 제갈량의 병제와 군략을 높이 평가했다.

이정은 당나라가 동방의 고구려를 침공하는 방책에는 제갈량의 병서 중 「동이편(東夷篇)」을 가장 많이 인용한 것으로 보인다.

다른 한편으로 우리는 제갈량을 『삼국지연의』에 나오는 신출귀몰한 존재만 알고 필자 나관중의 뜻에 따라 박수만 보낼 수는 없다. 그 까닭은 중국이 유사 이래 동방 정복을 꿈꾸면서 그 숙원의 욕망을 실현할 고구려 · 백제 등의 침략 계략이 제갈량의 병법에 기준을 두었기 때문이다.

이러한 관점에서 우리는 그가 한실의 복구를 위하여 조조와 싸우던 극중의 인물로 박수만 보내기보다는 실제로 그가 어떤 인물이었는가를 연구해 볼 필요가 있다.

제갈량(공명은 자)은 지금의 산동성 청도 서편에 있는 낭야 땅에서 태어났다.

그의 형 제갈근은 지혜는 크게 없지만 충직한 인물로서 손권의 신하였다.

제갈량은 어려서 부친과 사별하여 할 수 없이 형주에서 벼슬아치를 하는 백부 제갈현의 집에시 장성했다.

그러나 당시 형주의 방백이었던 유표의 비호를 받던 백부 제갈현이 죽자 그는 형주를 떠나서 융중산 남양 땅으로 가서 농사를 지으며 고금 시서에 몰두하여 세월을 보냈다.

이때에 유비가 제갈량이 뛰어난 인재임을 알고 삼고초려의 지극한 예의를 갖추자 그는 드디어 유비를 도와 한실의 복구를 실현하기 위해 유비와 소위 수어지교(水魚之交)를 맹약하고 유비의 모사가 되었다.

그러나 그 무렵의 유비는 한 치의 땅도 없이 유랑하는 객장(客將)에 불과하였으니 제갈량이 아무리 천하의 일을 손금 보듯 알고 변화무쌍한 지략이 있다한들 어떻게 막강한 조조와 싸울 것인가? 이때에 그는 유비를 오나라에 보내서 손권과 정책 혼인을 하여 제휴에 성공하였다. 제갈량은 그것을 기화로 손권의 주장 주유를 선동하는 계략을 써서 난세의 간웅으로 그 이름을 천하에 떨치던 조조의 80만 수륙대군을 지금의 한무시 서편의 적벽강 일대에서 불과 3만여 명으로 섬멸하였다. 이를 계기로 무명의 제갈량이 천하의 대지략가로서 이름을 떨쳤고, 그는 이 싸움에서 얻은 형주를 기반 삼아 유비를 능히 촉(蜀)의 황제로 만들고 한나라의 계승을 자처했다.

제갈량은 통치는 물론 전술에서도 항상 대의명분을 내세워 장수들의 뜻과 포부를 존중하고 선왕들의 훌륭한 치정을 권장하는 한편, 질서와 군기를 중시하여 절제를 강조하였으니 나아가면 뛰어난 장수가 되고 들어오면 명재상이었다.

그러므로 진수는 『삼국지』에서 그가 원수국의 재상이자 장수였지만 그의 행적을 가감 없이 전재했다.

24. 형세

태종이 물었다.

"번병(蕃兵)은 오직 굳센 말을 몰아 공격하는데 이것은 기병이고, 한병(漢兵)은 강한 궁노수를 매복시켰다가 공격하는데 이것은 정병이오?"

이정이 대답했다.

"손자가 일컬은 말을 살펴보면, 용병을 잘 하는 자는 병세로써 이길 길을 찾지 개개의 사람에게 책임을 지우지 않는다고 하였으며, 사람을 가려 쓸 때는 병세에 능한 대로 책임을 주어야 한다고 했습니다. 소위 사람을 택한다는 말은 번인과 한인의 장기에 따라서 싸우는 것도 다릅니다. 번병의 장기는 말을 타고 싸우는 것인데 기마전은 속전에 유리하며, 한병의 장기는 궁노(弓弩)인데 궁노는 장기전에 유리합니다. 이와 같이 각자의 자연적 환경에서 오는 차이로 인해 그 맡겨진 세가 다릅니다. 사실이 이러하니 이것만으로 정병이냐 기병이냐를 분간할 수는 없습니다. 신이 앞에서도 번인과 한인에게 반드시 기호를 변경하고, 의복을 바꾸라고 말씀 드렸는데, 이런 것은 기병과 정병이 상생하는 법입니다. 기마전에도 정(正)이 있고, 궁노에도 역시 기(奇)가 있으니 어찌 변하지 않는 것이 있겠습니까?"

태종이 말했다.

"경은 그 방법을 좀 더 소상하게 말해주오."

이정이 대답했다.

"먼저 형세를 만들어 보이고 적이 이에 따르도록 하는 것이 그 술법입니다."

태종이 말했다.

"짐은 이제야 경의 말을 알아듣겠소. 손자가 이르기를 병사의 형세가 지극함이란 형태가 없을 지경에 이른 것이라 했소. 또 이르기를 형세로써 군사들이 승리를 하였으나 그들이 어떻게 이겼는지를 모른다 함은 그것을 일컬음이오?"

이정이 대답했다.

"폐하의 성려는 진실로 심오합니다. 신의 생각은 폐하의 절반도 미치지 못합니다."

❖ 해설

본 절은 형세에 관한 질문으로서 한나라의 병세와 번족의 형세를 비교하여 형세의 장점과 단점을 논하였다.

대체로 동호족, 북적, 서융 등의 제족은 굳센 말을 타고 싸우는 기마술이 특기이다.

그러므로 강대한 진나라의 통일왕국을 비롯하여 한나라에 이르기까지 그들은 번병의 부족을 정복하려고 오랜 세월에 걸쳐서 수없이 많은 전쟁을 하였는데 그들 입장에선 부끄럽지만 성공한 예가 극히 적다.

형세가 이렇듯 그들은 항상 변방의 위협을 받았기에 변방의 제압정책은 언제나 통치자들의 어려운 과제였다.

한 고조는 천하를 평정한 그 권위와 그 병력으로 선비족의 단우 왕을 정복하려다 오히려 포위되는 함정에 빠졌다. 그것이 큰 원인이 되어 한나라는 단우 왕에게 굴복한 나머지 왕녀를 출가시키는 인질극까지 연출하였는데, 그것이 나중에는 북방 민족을 무마하는 수치스러운 관례가 되었던 것을 우리는 분명히 알고 있다.

그렇기 때문에 태종은 고구려를 도모함에 공자가 이른 대로 서융, 북적, 동호족은 모두 동이족과 같은 종족이니까, 필시 그 종족인 고구려 등 동방을 도모하는 데는 그들과 오랜 세월 싸운 전사를 연구하는 것이 작전상 중요한 일이라고 판단하였다.

이에 이정은 번병의 전술과 한족의 기병과 정병의 장단점을 소상하게 열거했다. 더구나 이정은 손자의 용병술에서 형세에 대한 전술을 높이 평가하고, 형세가 극치에 이르면 그 형세는 형태가 없는 무형을 이룬다고 하였다. 본 절에서도 손자의 「병세편」의 "선용병자 구지어세 불책어인 고능택인 이임세(善用兵者 求之於勢 不責於人 故能擇人 而任勢)"라는 문구를 들어 소상하게 변호했다. 이처럼 이정은 병사에서 그 세를 잘 쓰고 못씀에 따라서 승패가 결정됨을 강조하였다.

25. 이이제이책(以夷制夷策)

태종이 물었다.

"근래에 거란과 해가 다 복속되었고, 송막과 요락 두 곳에 도독을 두어서 안북도호로 하여금 이를 잘 다스리게 하고 있소. 짐은 그곳에 설만철을 기용하고자 하는데 경의 생각은 어떻소?"

이정이 대답했다.

"설만철은 아사나사이(阿史那社爾)나 집실사력(執失思力), 계필하력(契苾何力) 등에 미치지 못합니다. 이들은 모두 병사를 잘 아는 번신들입니다.

신이 일찍이 이 세 사람과 같이 송막과 요락의 산하를 돌아보고, 그곳의 정세가 순종할지 반역할지를 이야기해본 일이 있습니다. 그들은 먼 곳에 있는 서역의 수십여 곳의 부락에 이르기까지 그 실정을 소상하게 알고 있어서 믿음직스러웠습니다. 그리하여 신이 이들에게 진법을 가르쳤더니 그들은 모두 깨우치고 그대로 복종하였습니다. 신이 바라옵건대, 폐하께서는 그들을 기용하는 데 추호도 의심치 마십시오. 만약 만철에게만 중임을 주신다면 그는 용기는 있으나 무모하여 큰일을 그르칠 것입니다."

태종이 웃으며 말했다.

"번인들도 모두 경이 손발처럼 부릴 수 있게 되었소. 옛사람이 이르기를 오랑캐로 하여금 오랑캐를 치게 하는 것이 중국의 형세라 했소. 이를 경은 체득한 셈이오."

❖ 해설

이정은 본 절에서 설만철, 아사나사이 등의 장수가 용기는 있고 충성은 하지만, 지혜가 없어서 단독으로 중책을 맡길 수 없다고 하였다. 그러나 그 내부에 숨은 뜻은 그들 모두가 외방의 장수를 포섭하여 쓴 까닭에 믿을 수 없음을 에둘러 일컬은 말이다.

설만철은 원래 둔황 출생의 설만균의 실제인데, 혈리가한에 반기를 들고 이정에게 포섭되었다. 또 집실사력은 혈리가한 왕의 장수였는데 반기를 들고 당나라군에 가담했다.

이것은 이정이 능숙한 문벌책을 써서 적장이 그 주인에게 반기를 들게 하여 자기 쪽 심복을 만들어, 그 장수로 하여금 적을 친다는 소위 중국의 전매특허인 이만이공만이(以蠻夷攻蠻夷)[1]이다.

---

1) 이만이공만이(以蠻夷攻蠻夷) : 오랑캐를 칠 때는 다른 오랑캐를 시켜서 치게

이와 같이 본 절은 권모와 술수책에 관계되는 사항이다. 그리고 태종도 이정이 충간하는 말, 즉 그들 번신에게 오랑캐를 치는 동안에는 할 수 없이 군권을 주어 싸우게 하지만, 그들이 언제 어디서 배반할지 모르니 어느 한 번신에게만 중책을 주어서는 안 됨을 수긍하고 있다.

태종도 이 말에는 미소를 띠고, 이정에게 국제간의 신의를 무시하고 중국에서 가장 잘 쓰는 교활한 술책인 이이제이(以夷制夷)책을 잘 썼다고 했으니 실로 경악을 금할 수 없다. 그러나 이도 하나의 병법이니 어쩌랴.

이러한 구절은 현대정치에서는 있을 수 없는 일이지만, 이런 실정을 하나의 과거의 일로 까맣게 잊고 중국을 종주국으로 숭상했으니 실로 괴이한 일이다.

즉 우리의 고려조와 조선조에서도 무경칠서를 무인들의 시과(試科) 과정에서 썼고, 또 무인들의 교양서로 썼는데, 어쨌든 자기 조상이 갖고 있던 나라와 영토를 빼앗은 그 방법을 보고 무엇을 깨달았을까?

더우기 명나라가 망하고 옛날 동이족의 후손인 청 태조가 들어섰는데도 기어이 명나라를 종주국이라고 떠받들면서 청나라를 치겠다고 충절을 다했으니 참 우스운 일이다.

한다는 뜻으로 강태공의 『육도 · 문벌편』에서 유래한다. 이 말은 당 태종이 직접 그 심복인 이정에게 한 말로서 중국의 문벌책은 실로 교활 교묘하다.

제2편

문대 중

1. 허실을 명찰(明察)

태종이 물었다.

"짐이 여러 병서를 보았는데 손무의 병법보다 출중한 것은 없고, 손무의 13편은 모두 허실에서 벗어나지 않았소. 무릇 용병을 하는 자는 허실의 형세를 모르고서는 이길 수 없다는 것이오. 오늘날 여러 장수 중에는 형세를 잘 갖추었다가 적의 허약한 곳을 친다고 항상 말들은 하지만, 막상 적과 대전하여 적의 허실을 잘 알 수 있는 자는 드무오. 그것은 적군을 능히 유인하지 못하고 그 반대로 적에게 유인당하는 까닭이오. 어떻소? 경은 여러 장수를 위하여 허실의 긴요한 말을 해주오."

이정이 말했다.

"장수들에게 먼저 가르칠 것은 기정(奇正)의 변화술입니다. 그런 후에 허실이 무엇인가 그 형세를 말해야 합니다. 여러 장수 가운데 대부분이 기병과 정병을 모른 채 기병을 정병으로 알기도 하고, 정병을 기병으로 오인하는 형편이니 어찌 적의 허실을 잘 식별할 수 있겠습니까?"

태종이 다시 질문하였다.

"책략을 써서 적의 득실을 헤아리고, 일부러 움직이고 고요하게 하여 그들의 동정을 알아내며, 또 형세를 보고 적이 사지인가 혹은 생지인가를 가리며, 병진의 한 모퉁이를 보고 적의 형세가 여력이 있는지 부족한지를 알아낸다고 하였소. 이것은 곧 기병을 쓸 것인가 혹은 정병을 쓸 것인가는 아군이 결정할 수 있으며, 허하고 실한 것은 오직 적군의 상황에 달려 있는가?"

이정이 대답했다.

"기병과 정병은 소위 적의 허실에서 생깁니다. 적이 실하면 나는 반드시 정병이라야 하며, 적군이 허하면 나는 반드시 기병을 써야 합니다. 장수가 기정술을 모르고 어찌 적군의 허실을 알 수 있으며, 또 적군을 잘 유인할 수 있겠습니까? 신이 대명을 받들어 여러 장수에게 기병과 정병의 전술을 가르치면 자연히 그들은 허실을 알게 될 것입니다."

태종이 다시 말했다.

"기병을 정병으로 바꾼다는 것은 적은 아군이 기병으로 싸울 것으로 생각할 때 우리는 정병으로 공략함이고, 정병을 기병으로 함이란 적은 아군이 정병으로 쓰리라고 생각할 때 우리는 기병으로 기습함이라 생각되오. 항상 적세를 허하게 만들고 우리의 형세는 언제나 실하게 할 용병법을 제장에게 가르쳐서 잘 쓸 수 있도록 해주오."

이정이 말했다.

"자고로 전술에 대한 천만 가지의 말이 많지만, 요컨대 '적을 유인하되 적에게 유인당하지 않아야 한다'는 것에 지나지 않습니다. 신은 마땅히 이것을 뭇 장수들에게 가르치겠습니다."

❖ 해설

본 절은 허실에 대한 문답이다. 태종이 적군의 형세를 알기 위하여 책략으로써 일부러 군사를 동원하여 이동하거나, 혹은 고요히 있게 하여 적군이 어떠한 형세로 아군을 공격하려는지, 그 동정을 살펴서 적의 형세를 알고 그 형세에 따라서 허약할 때는 기병으로 기습하고, 때와 장소에 따라서 어떻게 기정술을 가려 써야 하는지를 물었다.

이정은 먼저 장수된 자가 기병과 정병이 변하는 이치를 모르고 어떤 것이 적군의 형세가 기병이고 정병인가를 모르고서 어찌 적군의 허실을 알 수 있겠느냐고 반문했다.

과연 그의 대답은 명답이다. 먼저 장수가 적의 형세를 한번 보고 적의 병력이 적은 것 같은데 그것이 아군을 유인하기 위하여 많은 복병을 배치해 놓고 표면상으로는 불과 소수의 군사를 배치하여 아군이 공격해 오도록 유인하는 것인가의 여부를 분간하지 못하는 자는 병세에 대한 기초 상식이 없기에 허실 따위를 논할 필요도 없다. 그러므로 적의 형세를 정확하게 파악한 후가 아니면, 여기에서 기병으로 기습을 할 것인가 하는 계략을 세울 수가 없다.

태종은 다시 이정에게 질문하기를 적군이 아방에서 기정으로 공격하려는 것을 눈치 채면 어떻게 할 것인가를 물었다. 이정의 대답은 그때의 형세에 따라야 하며, 아군이 정병으로 공격할 것을 적군이 사전에 알면 기병을 쓸 것이며, 또 적군이 정병으로 공략할 때는 기습을 해야 한다고 했다.

이것은 기병과 정병의 운용 윤곽을 설명한 데 지나지 않고, 그럴 때 장수는 신중을 기해야만 한다.

원래 작전은 장수만이 알고 군사들은 몰라야 하는데, 적장이 아방의 계략을 알았다면 그 적장은 참으로 유능한 장수이다.

그렇게 유능한 지장과 대전할 때는 어떤 공식적인 병법만으로는 대전하기가 어렵다. 말하자면 적이 정병술을 쓰면 이쪽은 기병술, 적이 기병술이면 이쪽은 정병술을 쓰는 그러한 공식만으로는 대적할 수 없다.

즉 임기응변하여 아군은 적의 정병이 공략해 올 때 일시 후퇴하여 도중에 적군의 형세에 허약한 병세가 생기면 불시에 공격을 할 수도 있고, 정병으로 총 공격을 할 수도 있다. 원래 병세는 수시로 변하고 움직이며 또 군사들이 병진을 만드는 지형에 따라서도 변한다. 뿐만 아니라 군사들이 배가 부르거나 고프거나, 춥거나 따뜻한 등의 일기 변화에 따라서도 변할 수 있으며, 같은 하루의 전투에서도 아침, 저녁, 밤 등 그 시간에 따라서 군사들의 전투 능률은 다르다. 그러므로 장수는 적병의 사기가 가장 저하되고 아군의 사기가 가장 높을 때를 판단하여 적군을 공격한다면 필시 승리를 거둘 것이다.

그러나 병세의 허실을 탁상에서 논하기는 쉽지만 실제로 적과 대전하면 어떤 것이 허하고 실한지를 판단하기가 그렇게 쉽지 않다.

장수가 적의 허실을 알기 위해서는 먼저 적장의 인물 됨됨이를 알아야 한다. 적장이 어떤 인물이며, 군사의 교련상태는 어떠하고, 병기전법은 어떤 것을 자주 쓰는지를 잘 알아야 한다. 적장에 대한 것과 적의 상황을 잘 알면 백전백승할 요소 중 일부를 갖춘 것이다.

현대의 전투는 과학적이어서 군사들의 능력이나 무기의 성능이 모두 순식간에 과학적으로 통제하여 처리되는 까닭에 적이 기병술을 쓴다고 이쪽에서 정병으로 공격하다가는 오히려 뜻하지 않게 포위될 수도 있다.

이럴 때는 오직 지휘관이 전황을 잘 파악하여 임기응변하는 병세를 형성해 나가면 적군에게 큰 타격을 줄도 수 있다. 그러나 적이 그러한 허점이 없을 때 공격을 한다면 기정을 불문하고 공격을 하지 않음만 못할 수도 있다.

2. 점령지 보전

태종이 물었다.

"짐은 요지(瑤地)에 도독을 두어 안서도호부에 예속시켰소. 그런데 번족 군사와 한족 군사를 어떻게 처리했으면 좋겠소?"

이정이 이에 대답했다.

"하늘이 사람을 낳을 때, 번족이나 한족의 분별이 본시 없었습니다. 그러나 번족의 땅은 거칠고 멀어서 반드시 사냥을 하면서 살아가야 하는 까닭에 생활 속에서 싸움이 습관이 되었습니다. 만약 우리가 그들에게 은혜를 베풀고 신의로 달래며, 옷과 식량을 주면, 그들도 모두 한인이 될 것입니다. 폐하께서 도호부를 도셨는바 신이 청하건대 한족 경비병을 철수하여 내지로 옮기십시오. 이것이 군량을 적게 들이는 소위 병가에서 다스리는 법도입니다. 다만 한인 관리로서 번의 실정을 잘 아는 자를 택하여 이들을 분산하여 성민을 보호하면 이것으로 오래 다스리는 데 족합니다. 혹시 경계할 일이 있을 때는 한인 병졸을 출동시켜 진압하십시오."

태종이 물었다.

"손무가 말한 힘으로 다스리는 법은 어떠하오?"

이정이 대답했다.

"아군은 가까운 곳에서 먼 곳으로부터 오는 적을 기다리라 했으며, 아군은 편안하게 하고 적이 피로해지는 것을 기다리라 했습니다. 또한 아군은 배부르게 먹고 적의 굶주림을 기다리라 한 것은 그와 같은 책략의 대강을 말한 것입니다.

용병술에 능한 자는 이 3가지를 6가지의 뜻으로 발전시켰습니다.

즉 유인하여 오기를 기다리는 것, 아군은 안정하고 적은 소란해지기를 기다리는 것, 아군은 신중하게 움직이고 적은 경망되게 움직이기를 기다리는 것, 아군은 엄중 경비하고 적이 해이해지기를 기다리는 것, 아군은 잘 다스려지고 적은 혼란해지기를 기다리는 것, 아군은 굳게 수비하고 적이 공격해 오기를 기다리는 것 등입니다. 이와 같지 않으면 힘을 다스릴 수 없으며, 힘을 다스릴 수 없는 병술로 어떻게 적과 대전해서 잘 싸울 수 있겠습니까?"

태종이 말했다.

"요즈음 손무의 병법을 배우는 자는 공연히 소리 내어 외우기만 하는데, 경은 그 의미를 잘 새기고 넓혀서 힘을 다스리는 법을 여러 장수에게 알리도록 하오."

❖ 해설

본 절은 점령한 땅을 영구히 보존하는 법, 즉 군국책에 관한 책략이다. 이정은 그의 인생 후반기에 돌궐을 평정하는 데 오랜 세월을 보냈지만, 젊은 시절에는 문재에도 뛰어났으니 그는 문무를 겸비한 인물이다.

통치술 중에도 점령한 땅을 영구히 자기의 영토로 만드는 것은 가장 힘든 일이다. 그런데 태종이 돌궐을 점령하고 무력으로 그곳 백성을 장악하려는 마음에 이정에게 질문하였더니 그는 힘의 정치를 지양하고 오직 선무책(宣撫策)으로 다스리는 법도를 말했다. 강대한 군사를 외지에 두고 많은 군량을 소모해가며 힘으로 다스리면 오히려 역효과만 날 것이라고 하였다.

이처럼 그는 문무가 뛰어난 인물이었지만, 군략을 설명하는 데에는 공맹자 등의 통치술을 거론하지 않고, 오직 무인의 전술을 인용하여 손자와 무자의 병법을 예로 들었다. 물론 그것은 이정이 고금의 많은 병서를 수집하며 그것을 터득한 나머지 태종에게 막강한 군국책(軍國策)을 펼 것을 권장하였다. 또한 그는 춘추전국시대 통치가들의 나약한 문벌정치가 오히려 혼란을 가져온 사실을 감안하여 한나라처럼 강력한 군왕통치를 권장하고 군국책을 권장한 것으로 보인다.

그 당시 중국에서는 1백 50여 가류(家流)의 병서가 있었다.

그러나 거의가 무인들이 일시적인 속임수로 적을 이기는 방법을 논한 것으로, 이것을 통치가들이 즐겨 쓴다면 잠시 그 뜻을 성취할 수는 있지만 영구적인 통치방법으로는 권장할 바가 못 된다.

오직 병서 중에 『삼략(三略)』만은 제왕으로서 능히 그 묘책을 자신의 국민에게 쓰는 데 추호의 손색없이 심오하다. 그 책자는 한나라 때의 장량이 진나라 때의 숨은 성인인 황석공에게서 전수받은 그의 『소서(素書)』와 『삼략(三略)』을 가리킨다. 장량은 그 책을 자신의 자식에게도 전하지 않고, 오직 자기가 죽은 뒤 관에 비장하라고 유언하였는데, 그것이 송나라 때 도둑들이 도굴하다가 발굴되어 무경칠서의 하나로 세상에 햇빛을 보았다. 그러니 당나라 초기인 이정의 생존 시기에는 『삼략』이 있을 수 없다. 그런데 어이없게도 『이위공문대』에서 『삼략』이 때때로 거론되는데, 이것은 후일 송나라 때에 『이위공문대』를 무경칠서로 인용할 때 편집자들의 가필을 했다는 명백한 증거이다. 그러한 연유로 이정은 『삼략』의 군국책을 거론하지 못하고 오직 손자의 병서를 인용한 것으로 해석된다.

원래 손자의 병서가 병가의 책으로서는 뛰어나지만, 군왕이 군국책을 쓰는 데에는 태공망의 문도나 무도와 『삼략』에 비할 바가 못 된다. 즉 태공망의 문도와 『삼략』은 적에게 쓰는 것이 아니라 온 백성에도 쓸 수 있는 높은 수준의 정치술이고, 손자의 병서는 무인으로서 적군을 공략하기 위한 피아간의 형세를 저울질하는 기준으로 만든 것이므로 통치자가 만민을 위해서 쓰는 법도나 또 적국에 사용되는 것이 아무리 책략이라 하더라도 그 본질을 엄격하게 구분하여 써야 한다.

더욱이 본 절에서는 태종이 황제로서 돌궐을 점령하고, 그곳에 군사를 주둔시켜 그곳 백성을 무마하는 시책인지라 이것은 엄격한 의미에서 통치가로서 하나의 군사정치에 속한다.

특히 본 절에서 이정은 구경(久經)이라는 말로써 침략한 땅을 오래도록 통치해야 한다는 한 구절에서도 알 수 있지만, 그곳에 주둔한 군사는 모두 철수하고 그곳 원주민에게 식량과 의복과 집을 주어 그들을 달램과 동시에 성읍에는 그곳의 백성들 자체로써 군사를 편성하여 성읍을 지키게 하고, 다만 은밀하게 감시의 눈을 두고 통치할 것을 권하였다.

그리고 한족으로서 군인이 아닌 유능한 관원을 백성들의 눈에 띄지 않도록 성읍마다 파견하였다가 만일의 불상사가 일어나면 즉각 지원하여 군이 투입되도록 하라고 하였다.

이때 이정은 병력을 감소하여 막대한 군비를 삭감하라고 지적하였는데, 그것은 돌궐을 영구히 통치하려는 통치술이 내포된 것으로 이것은 군략에 속하는 시책이다. 그러나 이정은 자신이 군인이라 분수에 넘치는 충언은 삼가 옛 통치가들의 행적을 인용하지 않고 오직 무인으로서 손자와 무자의 전술에 소상한 설명을 해서 주군인 태종에게 군국책을 쓰게 한 것은 실로 이정의 처세술이 비범함을 알 수 있다.

3. 군편제

태종이 물었다.

"전투에 경험이 많은 장수는 늙어서 죽거나 상하여 거의 없어졌고, 새로이 여러 군을 설치했지만 적군과 싸울 병진을 경영할 수 없소. 이제 그들에게 교육을 실시하려면 어떻게 하면 좋겠소? 그 요지를 말해주시오."

이정이 대답했다.

"신이 일찍이 군사들에게 가르칠 때 3단계로 나누었습니다. 먼저 오(伍)를 조직하는 법을 가르치고, 오를 알면 그들을 군교(軍校)들에 맡겼습니다. 이것이 첫째 단계입니다. 군교의 교육법은 1명을 가르치면 그 1명이 100명을 가르치는 것이 둘째 단계입니다. 이것을 비장(裨將)들에게 맡기면 비장은 군교들이 편성한 대오를 총괄하여 대오를 만들며 이들을 모두 모아서 도표대로 진영을 편성하는 것이 셋째 단계입니다. 장수는 이것을 살펴서 3단계로 가르치고, 이것을 열병한 후에 제도의 잘잘못을 상고하여 살펴보며, 또 필요에 따라 기병과 정병으로 나누고, 모든 장병에게 잘못이 있으면 엄벌에 처하게 된다는 것을 서약 받은 후 폐하께서 높은 곳에 친히 열병을 받으면서 훈련의 가부를 살피시면 됩니다."

태종이 물었다.

"오를 편성하는 방법에 대하여 여러 병가마다 의견이 다른 모양인데 누구의 것이 가장 좋은가?"

이정이 대답했다.

"신이 살피건대 『춘추좌씨전』에 이르기를 병차는 선봉을 서고 보병은 뒤따른다 했으며, 또 『사마법』에 이르기를 5명을 한 대오로 한다고 했으며, 『울료자』는 속오령(束伍令)제를 썼으며, 한나라 제도에는 척적오부(尺籍伍符) 제도가 있었으나 후세에 종이로 만들었다가 실전하여 그 제도를 모릅니다. 신이 그 법들을 참작하여 보건대, 5명이 변하여 25명이 되고, 그것이 변하여 75명이 되는 바 이것은 보졸 72명, 갑사 3명을 합하여 75명이 되는 제도입니다. 병차를 두고 기마병을 쓸 때에는 25명의 전투력에 맞먹는 말 8기로 운용하였는데, 이것도 5명에 해당하는 5수의 제도입니다. 이것은 여러 병가의 법이 오직 5수의 법을 필수로 했습니다.

즉 작은 열을 5명, 큰 열을 25명으로 하여 3열로 하면 75명이 1참열(參列)이 되며, 또 5참열의 수는 375명이 됩니다. 이 가운데 300명을 정병으로 하고, 60명을 기병으로 합니다. 이 정병도 150명씩 2대로 나누고, 기병도 30명씩 2대로 나누어

좌우병으로 고르게 편성합니다. 사마양조가 일컬은 5명을 1대오로 하며, 15대오를 1대(隊)로 한 것이 오늘날까지 쓰이고 있습니다. 이것이 오법(군열)의 개요입니다."

❖ 해설

본 절은 그동안 전쟁 경험이 많은 백전노장들이 거의 없어진 상황에서 다시 신병을 교육할 때, 군제의 편성과 훈련의 기준을 설명한 구절이다.

여기에서 이정은 군제의 편성 방법을 5수에 기준을 두고 편성했다고 하면서 중국 역대 왕조의 군사 편제를 예로 들어 설명한 것은 주의할 만하다.

원래 병가의 전문지식을 가진 병략가라면 병사의 유래와 그 유래를 연구하는 것이 원칙이다. 이런 관점에서 고찰해 보면 이정은 중국의 병략가로서는 뛰어난 지식과 경력을 지닌 명장이다. 그런데 그는 모든 병제를 말할 때 그 유래에 대한 설명 없이 오직 편성에 대한 것만 말하였다. 이것은 필시 그 시대에 대열을 편성하는 법이 중국에서 생긴 것이 아니고 한족이 아닌 변방민족에서 유래한 것을 드러내지 않으려고 호도(糊塗)한 것이 아닌가 생각된다.

무릇 병가에서 군열의 오법(伍法)은 정전제(井田制)에서 유래했다는 사실을 앞에서 지적했다. 즉 군사의 편성은 물론 숫자의 기준이 홍범구주(弘範九疇)의 구구적수법(九九積數法)에서 유래했으며, 그것도 정전제의 중앙을 5수로 하고 그 모퉁이(角)를 8각으로 한 데에서 유래한다. 홍범구주 문화는 고조선에서 창안 발전한 것을 주나라가 무왕 13년에 도입했음이 주나라 사기에 명백하게 기록되어 있다. 그런데 이정으로서도 자신이 고구려가 당나라 황제의 속국으로 되지 않는다고 평정하려는 형세에 어찌 병사의 핵심이 되는 편성법이 오랑캐의 나라에서 유래했다는 말을 그것도 태종 황제에게 말할 수 있겠는가? 그래서 그는 본 절에서 『춘추좌전(春秋左傳)』의 오법을 위시하여 제나라의 『울료자(尉繚子)』의 속오령(束伍令)과 한나라 제도가 전해주는 그 사례를 거론했을 뿐 유래에 대하여는 언급하지 못한 것으로 볼 수 있다.

만일 이정이 원래의 주나라의 제도인 태공이 만든 사마법을 거론할지라도 주나라의 제도를 거론하면 자연 홍범구주를 논하지 않을 수 없고, 그렇게 되면 조선의 병제를 거론하지 않을 수 없었을 것이다. 물론 그 당시의 대화 내용이 그대로 게재되지는 않았을 것이며, 적어도 후대의 사관들이 정치적 제약으로 많은 정리과정을 거쳐서 오늘에 이르렀을 것으로 생각된다. 그러나 후손인 우리로서는 원문을 그대로 보고 싶은 심정이 간절하다.

4. 육화진(六花陣)

태종이 물었다.

"짐이 이적과 더불어 병사를 논한 적이 있었는데, 그는 경이 주장하는 말과 같은 데가 많았소. 다만 이적은 자기가 말하는 병법의 출처를 몰랐소. 경이 제정한 육화진법(六花陣法)이란 어떤 전술이오?"

이정이 대답했다.

"신은 원래 제갈량의 팔진법을 본받은 것입니다. 큰 진이 작은 진을 둘러싸고 큰 병영은 작은 병영을 둘러싸서, 주위의 가장자리 군사들이 떨어지지 않게 연결하여 굴곡을 이루고 떨어진 곳을 서로 상대하여 보호합니다. 신은 옛날의 이 제도에 따라 도형을 만들었습니다. 그러므로 밖으로 그어진 획은 군제에서 외곽이고, 안의 둥근 것은 여섯 개의 꽃잎이 마치 한 송이의 꽃 모양이어서 속칭 육화진이라 합니다."

태종이 물었다.

"병진의 형태가 안은 둥글고 밖은 네모진 것은 어떤 의미이오?"

이정이 말했다.

"방진은 보병의 정병이고, 원진은 기병입니다. 방진은 보행이 좋고, 원진은 기병의 대열을 연결하여 돌 수 있습니다. 이렇게 방진의 보병은 땅의 형태를 따라서 정했으며, 원진의 기병은 하늘의 이치를 따라 행렬이 둥글게 하였습니다. 보병의 행렬이나 기병과의 연결이 정돈되면 아무리 변화가 있어도 혼란되지 않습니다. 이와 같이 진을 육화진으로 한 것은 제갈량의 구법인 팔진법을 따랐습니다."

❖ 해설

태종은 자신이 신임하는 이적과 병술에 대하여 거론한 바가 있었는데, 그의 병술은 이정의 병술과 흡사하지만, 이론상으로는 아는 것이 별로 없었다고 하였다.

이적은 젊은 시절에 한때 불량배를 따라서 도적의 무리에 가담한 일도 있었다. 그러다가 장성하여 태종의 신임을 받은 후에는 오랜 세월을 이정의 비장이 되어 돌궐 등지에 출정하여 많은 전술을 배웠다. 그는 고종 때에 대장수가 되어 고구려 정벌에 큰 공을 세운 장수이지만, 이정과 같은 수준으로 병법의 이론을 논할 정도까지는 아니었다.

이적은 여러 차례 고구려에 출병하였으나 연개소문에게 참패를 당했다. 그러면서도 "내 나이 80살이 되기 전에 9백 년의 역사의 고구려를 기어이 평정하겠다"고 할 만큼 집념이 대단한 장수였다.

이러한 이적이 재질은 있어서 육화진을 편성할 수는 있었지만, 감히 그 출처를 모르는 것은 당연하다. 이에 대하여 이정은 자신의 육화진을 제갈량의 구법인 팔진법을 모방하여 육화진을 만들었다고 자신 있게 대답하였다.

그러나 병제에서 육진법이란 주나라 병제에도 많이 쓴 예가 많다. 주나라는 조선에서 도입한 홍범구주에 따라 8진법을 만들었으나, 지방의 방백에게는 육진법을 권장하였다. 그것은 병사란 원래 궤도(詭道)로서 불상지기인 까닭에 천자와 제후의 권위에 구분을 두기 위해 만든 것으로 보인다.

천자는 팔진 혹은 구진법을 쓰며, 9방(方) 혹은 팔방에 병진을 만들고, 제후들은 6진(鎭)을 만들게 했다는 것이 주나라 초기에서 전국 시대 말기에 이르기까지의 기록에 많이 있다.

그러나 육진이니 팔진이라는 병진을 형성해낸 것은 제갈량의 팔진법이 시초요, 이것을 육화진으로 구성해낸 것은 이정이다.

5. 육화진 편성

태종이 다시 이정에게 물었다.

"보병의 방진이 획을 그은 것 같이 방정하게 보이며, 둥근 병진이 하나의 점과 같이 보이며, 보병들이 걷는 방법과 군사들이 손으로 병기를 쓰는 것을 가르쳐서 손과 발을 편리하게 쓸 수 있으면, 이것으로 반 이상은 훈련이 된 것이라고 생각해도 되겠소?"

이정이 태종의 물음에 대답했다.

"오기가 이르기를 '끊으려 해도 떨어지지 말고, 물러서되 흩어지지 말라'고 했는데, 이것이 보병을 운용하는 법입니다. 군사를 가르치는 것은 바둑판에 바둑을 두는 것과 같으니, 만일 바둑판에 줄이 그어져 있지 않다면 어찌 바둑을 둘 수 있겠습니까? 손무가 이르기를 전장의 지형을 분석하면 전투의 규모가 추정되고, 전투의 규모가 추정되면 소요되는 자원이 추정되고, 소요 자원이 추정되면 필요한 전력이 추정되는데, 투입되는 전력에 따라 피아간의 승패를 짐작할 수 있습니다. 승리하는 병세라면 무거운 저울추(鎰)로써 가벼운 물건을 다는 것처럼 쉽고, 패배하는 병세라면 가벼운 저울추(銖)로써 무거운 물건을 다는 것처럼 벅찹니다. 이것은 모두 전투의 규모와 자원, 그리고 방진과 원진에서 일어납니다."

태종은 감탄하여 말했다.

"손자의 말은 실로 심오하오. 전장의 땅을 헤아리지 못하면 멀고 가까운 것을 모를 것이요, 지형의 넓고 좁은 것을 모르고서 어떻게 병진의 절도를 조절하겠는가?"

이정이 대답했다.

"평범한 장수들은 지혜가 능하지 못해서 절도를 가리지 못합니다. 뛰어난 장수는 그 세가 용맹하여 그 절도는 재빨라지며 마치 활의 시위를 힘껏 당겼다가 놓는 것 같고 임기응변의 지혜가 발동합니다. 신이 그 방법을 고쳐서 무릇 대오를 세울 때 서로의 거리를 각기 10보, 예비대인 주대와 앞 부대의 거리를 20보, 매 대 사이에는 1대의 전투대를 하나씩 세웠습니다. 전진 행군할 때는 50보를 떨어져서 절도 있게 전진하고, 1번의 뿔나팔 소리에 모든 부대는 모두 흩어져 서지만 그 거리는 불과 10보 미만입니다. 4번의 뿔나팔 소리에는 창을 겨누고 그 자리에 앉아서 있다가 북이 울리면 3번의 큰 함성과 함께 3번 공격하며, 30~50보를 나아가서 적을 제압하는 형세로 변합니다. 이때에 기마병과 보병 등은 모두 그 뒤를 따라 출격하는바 역시 50보를 유지하여 적과 대진하면, 즉시 멈추는 절도를 지키면서 전면에는 정병, 후면에는 기병을 두고, 적의 형세를 관찰한 결과에 따라서 다시 북을 치면, 이번에는 기병이 전면에 나아가고, 정병이 뒤로 물러서서 적이 다시 내습해 오는 것을 요격할 태세를 갖추어 어느 곳이나 허함 없이 합니다. 이것이 육화진 전투방법의 그 대강입니다."

❖ 해설

본 절에서는 이정이 자신이 즐겨 쓰던 육화진의 형태를 주로 설명했다. 만일 이정이 좀 더 수명이 연장되어 태종이 고구려를 친정할 때 같이 출정하여 팔화진의 명수인 연개소문과 요동에서 회전(會戰)하여 참패했다면 후인들이 이정의 육화진이 제갈량의 팔진도보다 뛰어난 편성이라고 하지는 못했을 것이다. 그러나 이정은 이때에 이미 노환으로 병중이라 출정하지 못했다.

이정이 태종에게 말하기를 자신이 3만을 이끌고 출정하면 고구려의 연개소문이 아무리 병법에 능통하더라도 생포하겠다고 장담했다. 그리하여 이정은 자신이 가진 지혜와 병법을 모두 이적에게 가르치고, 또 태종에게 전수했지만 '뛰는 놈 위에 나는 놈 있다'는 속담처럼 요동 일대에서 벌어진 전쟁에서는 태종의 대군이 참패하고 말았다.

이때에 태종은 표면으로는 친선이니 평화를 내세웠으나, 동방을 도모하려고 온 나라의 국력을 총동원하여 군사를 막강하게 강화하고 있었다.

원래 전쟁의 승리는 요행으로 되는 것이 아니요, 오직 뛰어난 지혜와 우수한 군사들의 형세에 의하여 결정된다고 정의한다면 결국 고구려에 당나라의 병법과 병술에 뒤지지 않는 병법이 있었다는 실증이 아닌가?

그러나 불행히도 후일에 이르러 고구려는 망했고, 모든 문헌 유물은 모두 당나라군의 전리품에 지나지 않았을 것이다. 나라가 망하면서 뛰어난 병법을 후세에 전승시키지 못하였으니 애석하고 애석한 일이다.

영웅 연개소문은 죽었고 그 아들 남생, 남건은 천하의 형세가 어떻게 돌아가는지를 모르고 형제간에 골육상쟁을 일삼았으니 어떻게 대국을 안전하게 유지할 수 있었겠는가? 더욱이 남생과 남건은 이적의 문벌책에 걸려들어 남생은 스스로 당나라의 이적을 찾아가서 고국인 고구려를 칠 원병을 요청했으니 결국 고구려는 스스로 망했다. 즉 그들이 일컫는 오랑캐로 하여금 오랑캐를 치게 하는 이이제이(以夷制夷)의 병법에 말려들고 말았다.

6. 악무(樂舞)와 전쟁

태종이 조공의 『신서』에 대하여 물었다.

"조공의 『신서』에 이르기를 적군과 대치하여 병진을 형성할 때는 반드시 푯말을 세우고 거기까지 물러서서 그곳에 병진을 만들며, 한 부대가 적의 공격을 받을 때 다른 부대가 진격하여 구원하지 않으면 참형에 처한다고 하였는데 이것은 무슨 병술이오?"

이정이 이에 대답했다.

"적과 대진하여 싸울 때, 푯말을 어떻게 세우겠습니까? 이것은 단지 교련할 때의 일로 알고 있습니다. 옛날의 잘 싸우는 장수는 정병술은 가르쳤지만 기병술은 가르치지 않았습니다. 군중을 부리기를 마치 양 떼 몰듯 했습니다. 이들과 같이 나아가고 또 더불어 물러서며, 군사들은 자신이 어디로 어떻게 가는지를 모른 채 장수와 같이 싸웠습니다. 조공은 교만하여 이기는 것만을 즐겼습니다. 그리하여 당시의 여러 장수는 『신서』를 받들기는 했으나, 감히 그 단점을 공박하지 못했습니다. 더욱이 적군을 맞아 푯말을 세우고 진을 펼치기에는 때가 너무

늦지 않겠습니까?

신이 폐하께서 만드신 진을 파하는 음악과 춤을 살펴보건대, 전면에 4개의 푯말을 세우고, 후방에는 8개의 기폭이 연결되고, 좌우로 춤을 추며 조용하게 선회하며, 금고수는 달리며 거닐고 하는 것에 각기 그 절도가 있었습니다. 이것이 곧 팔진도의 사두팔미의 제도입니다. 사람들은 춤과 음악의 성대한 모습만 볼 뿐이니, 그 속에 있는 기세와 규율과 같은 참모습을 어찌 알겠습니까?"

태종이 말했다.

"옛날 한나라 고제가 천하를 평정한 후 노래하여 이르기를 '어떻게 하면 용맹한 장사를 얻어서 사방을 편안하게 할까?'라고 했소. 이처럼 대개 병법은 마음으로 전수할 수는 있어도 가히 말로는 전할 수 없는 것을 이른 것인가 보오. 짐이 진을 파하는 음악과 춤을 지었는데 오직 경만은 밝게 알고 있구려. 후세에 내가 부질없이 지은 것이 아님을 알 것이오."

❖ 해설

본 절에서는 태종이 조조가 적과 대진할 때 반드시 적과의 경계선을 명확히 하기 위해 푯말을 세웠던 것을 이정에게 묻으면서 악무와 대진의 효과를 논하였다.

이에 대하여 이정은 적과 대진할 때 푯말을 세운다는 것은 사실상 불가능하며, 또 대진에서 적을 공격할 때 전열에서 이탈하는 군사를 벤다는 점에 대해서는 아무런 대답을 않고, 음악과 춤을 설명하여 군의 악무를 강조했다.

적과 대전하여 싸우는데 어떻게 푯말을 세울 수 있으랴. 그것은 그때의 형세에 따라서 장수가 재빠르게 판단하여 목측(目測)으로 그 경계를 가린 다음 호령으로 얼마든지 뭇 장병에 전달할 수 있다. 그러므로 일부러 푯말을 세우는 것은 임기응변하는 전투에서 오히려 군사의 행동을 느리게 하는 시간 낭비라고 이정은 갈파했다.

이것은 이정의 소론이 옳다고 생각하나, 이정의 위치는 조조처럼 군을 통솔하는 장수이긴 하지만 그 위치가 낮았으니, 이정은 오직 삼군을 지휘했을 뿐이고, 조조는 주장이었던 점에서 다르다. 즉 군왕이 친정하여 뭇 장수를 통솔할 때는 권위를 세워야 하기 때문에 대진에도 완전을 기해야 했다. 그래서 적과의 대전에서 전투의 명확한 한계선이 필요했던 것이 고대전의 양상이다.

만약 적과의 대전에서 불리할 때 장수는 주장의 퇴로를 가상하고 전투를 벌여야 하며, 그런 계획 없이 전투를 하다가는 주장의 중군(中軍)이 포위되는 일이 발생한다. 물론 지휘관의 용병술이 능한 명장이라면 전투가 유리하거나 혹은 불리할 때의 전황을 생각해서 전군이 제2의 전선 혹은 제3의 전선까지 구상하여 퇴로와 진출을 생각할 정도가 되므로 푯말 등은 거론되지도 않을 것이다.

그러나 조조는 그의 아래에 뛰어난 명장이 없고, 오직 주장 자신이 주로 친정했던 사실을 미루어 볼 때, 푯말 문제가 거론되는 것도 무리는 아니다. 그러므로 조공의 『신서』에는 적과 대전하기 전에 먼저 푯말을 세우라고 권장했다. 실제로 조조가 제갈량과 싸울 때 퇴로를 잘못 잡아 생포될 뻔했던 일이 비일비재했다. 이러한 실정으로 미루어 조조는 푯말을 세우라고 권장하여 장수들의 교육과정에도 이런 점에 중점을 두었으며 은연중 전투에서도 권장한 것으로 보인다.

그 다음에는 악무(樂舞)에 관한 문제이다. 이에 곁들여 이정은 팔진법을 설명하였는데, 팔진법은 앞 절에서 설명했으니 본 절에서는 병진과 악무에 관한 것을 설명하기로 한다.

지난날 한 고조는 천하를 통일하고 그의 고향인 패읍에 들렀을 때, 고향의 친지들을 모아놓고 큰 잔치를 베풀고 흥에 못 이겨 노래와 춤으로 이어졌다.

그때의 노래에 "바람이 거세게 일어나고, 구름은 뭉게뭉게 떠오르네. 고조의 위엄은 천하를 뒤덮고 금의환향했네. 어이하면 용맹한 장사를 얻어 사방을 편안히 지키리오(大風起兮 雲飛揚, 威加海內兮 歸故鄕, 安得猛士兮 守四方)"라고 하였다.

이 노래를 본받아 자신도 팔진 중에서 춤과 노래로써 군사들의 사기를 고취시키는 노래와 춤을 만들어 전파하였는데, 그것을 악무라 했다.

군악무는 비단 한 고조나 당 태종 때만 있던 것이 아니고, 춘추시대에도 많이 성행했다. 그것은 군의 북이나 꽹과리 등이 하나의 신호로서의 가치도 있었지만, 군중에서 울리는 정연한 악무가 적군에게 위압을 주었기 때문이다.

명장들은 군의 금고나 북소리의 조화만으로도 능히 적군의 기세나 전투양상까지도 짐작할 수 있었다고 한다.

한신이 구리산에서 초패왕 항우를 칠 때, 장량이 달밤에 계명산에 올라가서 옥퉁소를 불자 초나라 군사는 고향의 처자와 부모를 생각하는 향수심에 하룻밤 사이에 7만여 명이 군진에서 도망쳤다고 한다.

이러한 고사는 차치하고 현대전에서도 음악과 춤이 하나의 율동으로 발전되어 군사들의 사기를 고취하고 자극하며 태만과 피로를 덜어주었던 사례는 많다. 그러므로 군율에 부합되는 노래와 춤은 곧 군인들의 사기를 앙양하고 능률화를 가져온다.

이와 같이 군사에는 국가와 민족 그리고 충절, 용맹, 슬기로운 지혜를 조성하는 노래와 춤이 절실하게 요청된다.

7. 번기(旛旗)의 효과

태종이 물었다.

"방진에서 동·서·남·북·중앙에 맞추어 각기 색깔이 다른 청·백·적·흑·황의 깃발을 올리는 것이 정병술인가? 깃발의 휘날림이 다양하게 절충된 것이 기병인가? 대열을 나누거나 합하여 병세를 변화시키고 그 병세를 적에게 어지럽게 보이게 하려면 그 수가 어느 정도여야 하오?"

이정이 대답했다.

"신은 옛 병법을 참작하여 씁니다. 무릇 3대를 합칠 때는 깃발을 옆으로 기울이되 서로 교차하지 않게 하고, 5대를 합칠 때는 2개의 깃발을 서로 교차하며, 10대를 합칠 때는 오직 5개의 깃발만이 교차합니다. 호각을 불어 5개의 깃발을 바로 세우면 대열은 다시 나누어져 10대가 되며, 다시 호각을 불어 2개의 교차한 깃발을 바로 세우면 대열은 다시 5대가 되고, 기울이되 서로 교차하지 않은 깃발을 바로 세우면 합쳐졌던 대열은 다시 나누어져 3대가 됩니다. 대열이 나누어져 있을 때는 합하는 것을 기병이라 하고, 대열이 합쳐져 있을 때는 나누는 것을 기병이라 합니다. 3번 명령을 내려 5번 되풀이되며, 3번 나누고 3번 합하여 다시 원형대로 돌아오는 것을 정병이라 합니다.

이 정도가 되면 사두팔미(四頭八尾)의 진법을 가르칠 수가 있습니다. 이것이 대열을 편성 운용하는 법으로서는 가장 좋은 방법입니다."

태종이 이정의 설명을 듣고 있다가 만족한 미소를 짓고 말했다.

"경의 사두팔미의 진법은 과연 좋은 방법이오."

❖ 해설

본 절은 병세를 돋우는 방편으로 쓰는 번기의 효과를 설명한 구절이다. 번기란 군에서 쓰이는 각양각색의 기를 총칭하여 일컫는데, 군사가 진열을 정돈하고 동작하며 이합집산 하는 데도 신호 구실을 한다. 또 깃발은 군사의 동작과 더불어 절도를 가중하여 위엄을 떨쳐서 적군의 사기를 위협하는 작용도 한다. 그래서 명장들은 전투에서 번기의 숙달된 용법을 연구하였는데, 이것이 날씨와 관련시키면 더욱 그 효과를 나타낸다. 바람이 불 때 깃발을 올려 바람에 잘 휘날리게 하거나, 청명한 날씨에는 많은 기폭을 진지에 올려서 적군이 보면 사방에는 온통 아군이 점령한 것 같은 위압감을 주기도 한다.

또한 명장들은 시각을 이용하여 적군의 후방에다 기폭을 올려서 벌써 아군이 적의 후방을 점령한 것처럼 가장하여 적군에게 공포심을 조장하기도 한다.

이정은 번기를 이용하여 팔진법을 구성하고 진영이 변할 때마다 번기를 합하고 나누는 것으로 병세의 변동을 표시하여 적을 현혹시키는 술법을 썼다. 즉 3대 정도의 적은 대열을 합칠 때는 그 번기를 합하여 군열의 수를 적게 만들어, 적이 공격해 오는 것을 막기 위하여 기폭을 자유자재로 올려서 표면상으로 병진의 크기를 만들었다.

그러나 5대나 10대가 될 때는 공연히 진영을 넓게 보일 필요가 없기 때문에 번기는 교차되어도 무방하다고 하였다.

이와 같이 번기는 군사를 편성 훈련하고, 전투에서 전승에 이르기는 과정에서 중요한 역할을 하였다.

8. 기마병(騎馬兵)제도

태종이 물었다.

“조조의 군사에는 전기(戰騎), 함기(陷騎), 유기(遊騎)가 있었는데, 오늘날의 기마병은 이 가운데서 어느 것에 해당되오?”

이정이 이에 대답했다.

“신이 살펴보니 『신서』에서 이르기를 전기는 전면에 두고, 함기는 진 중앙에 두며, 유기는 진 후면에 둔다고 하였는데, 이것은 같은 기마병을 셋으로 나누어 각기 명칭만 다르게 붙였을 뿐입니다. 대체로 기마병 8기는 병차의 보병 24명에 해당되고, 기마병 24기는 병차의 보병 72명에 해당되는데, 이것은 옛 병제입니다. 병차에 배속된 군사에게는 마땅히 정병술을 가르쳐야 하고, 기마대에 속한 군사에게는 기병술을 가르쳐야 합니다.

조공의 『신서』에 의하면 부대를 전·후·중앙의 3복(覆)으로 나누었는바, 이것은 좌우 양편의 대열을 말하지 않고 단지 3복군의 한 단면만을 말한 것입니다.

후세 사람들이 3복의 방법을 깨닫지 못하고 전기는 반드시 함기와 유기 앞에 둔다면 어떻게 기마병을 효율적으로 운용할 수 있겠습니까? 신이 이 법을 쓰려고 여러 번 익혀 보았는데, 군사를 돌려 병진을 전환할 때는 유기가 전면에 배치되고, 전기가 진 후방으로 가며, 중앙의 함기는 그때의 전세에 따라 나누어 배치하였더니 이로운 점이 있었습니다. 이것이 조공의 병술입니다."

이 말을 들은 태종이 웃으며 말했다.

"조공의 병술이 많은 사람을 미혹되게 한 바가 적지 않았소."

❖ 해설

본 절에서는 조조의 기병술에 대한 장단점을 논평하였다.

태종은 조조의 삼복술(三覆術)인 전기, 함기, 유기 등에 대하여 질문했다.

이에 대하여 이정은 여러 차례 정병술과 기병술에 대하여 소상하게 설명하여 병세의 변화는 그때의 형세에 따라서 천태만상으로 변하는 것이라 어떤 것을 기병 혹은 정병이라고 사전에 단정할 수가 없으며, 오직 그것은 장수만이 알고 적군의 형세변동에 따라서 기병이든 정병이든 형성되는 것이라 했다.

이러한 이정의 전법이고 보면 조조가 병진을 구성하는 데 삼복 제도를 두어서 만든 것이 그의 마음에 합당하지 않았다.

하나의 병진 중에는 기마병, 전차, 보병 등 모든 것이 포함

되는데, 기마병이 굳세게 싸울 수 있다고 해서 사전에 일정한 형세로 고정시킬 수는 없다.

아방에 기마병이 있으면 적군에게도 기마병이 있을 것이므로 병세는 항상 능동적이지 고정적일 수 없다. 이에 대하여 이정도 조조의 삼복제도의 단점을 열거하여 전진하던 군사가 후퇴할 경우를 예로 들었다.

전투란 그 자체가 피아의 허점을 연구하여 공격하는 것이므로 어떤 위치에서나 조금의 허점도 적에게 드러내 보이지 않고 변화할 수 있어야 한다.

그러므로 조조의 삼복제도가 후인들에게 많은 의혹을 가져온 것도 있겠지만, 『신서』에 의한 삼복제도에 구애되지 않고 그 법을 연구하여 운영하는 장수들의 용병술에 따라서 얼마든지 좋은 기병술이 발전될 수 있다고 한 것은 실로 명언이다.

9. 어리진(魚麗陳)

태종이 물었다.

"전차, 보병, 기마병 세 가지가 있으나 그 법은 하나라고 했소. 그 쓰임은 사람에 있다는 것인가?"

이정이 대답했다.

"신이 춘추시대의 어리진(魚麗陳)을 살펴보건대, 병차를 앞세우고 보병은 뒤를 따랐습니다. 이것은 병차와 보병만을 쓰고 기마병은 없습니다. 이를테면 좌우를 막는 것으로, 즉 자기의 좌우를 살펴서 막을 뿐이지 기습 등의 전술로 이기려 함이 아닙니다. 진나라의 순오가 북적을 칠 때 병차를 버려두고 보병을 쓴 것은 기마병이 많아서 기병으로 이기려는 것이었으며, 좌우를 살펴서 자기를 막으려는 것이 아니었습니다.

신은 이들의 전술을 고루 사용하여 기마병 1명에 보병 3명씩을 배당하여 병차와 보병을 혼성하여 하나로 했습니다. 그러므로 그것을 쓰는 것은 사람에게 달려 있습니다. 병차와 기마병과 보병을 적절히 운용하면 적이 어찌 우리의 병차가 어디에서 나올 것인지, 기마병은 어디로 갈 것인지, 보병은 어디로 추격할지를 알 수 있겠습니까? 이것은 구지에 잠겨 숨는다 하기도 하고 혹은 구천에서 동한다 하여 그것을 알아낸다면 신이라 할 것입니다. 어찌 폐하께서 하념하시는 것을 신이 족히 알 수 있겠습니까?"

❖ 해설

본 절에서는 태종이 전쟁의 전술이 다양하나, 그것을 쓰는 장수에 따라서 다름을 이정에게 질문한 것이다.

앞 절에서도 용병술의 다양함이 거론되었지만, 본 절에서도 역시 용병의 무궁무진함을 강조하였다. 이정은 장수가 병진을 형성하는 것을 깊은 구지에 숨거나 혹은 구천에서 움직이듯이 번개같이 움직여야만 승리를 거둘 수 있다고 했다.

그러므로 전쟁하는 전술이 다양할지라도 그 운용은 오직 장수에게 달려 있으므로 장수가 군사를 쓰는 전술 하나로 얼마든지 승패가 좌우됨을 실례로 들었다. 그는 춘추시대에 있었던 어리진을 예로 들었는데, 원래 어리진은 수전에서 선박을 도열하고 적을 공격할 때 쓰는 전술이지만, 정나라의 장공은 이 전술을 능히 육전에서 썼음을 밝혔다.

만일 전술이 일정하게 고정되어 있다면 이것은 무기의 싸움일 뿐 용병술은 논할 필요가 없다. 즉 보병보다는 기마병이 강하고, 기마병보다는 전차가 강하여, 전차만 많이 갖고 있다면 언제 어디서든 승리를 거둘 것이다. 그러나 전쟁이란 똑같은 방법만 쓰는 것이 아니기에 같은 적에 맞서 싸워도 용병술의 능숙 여부에 따라서 승패가 결정된다.

더욱이 병기의 종류가 적고, 다만 병차나 기마병 등에 의존했던 고대전술에서는 용병술의 능숙 여부로 승패를 가름했던 것은 당연하다.

시대의 흐름에 따라 현대전은 고대전쟁과 그 양상이 달라서 전쟁무기의 발전으로 막강한 화력, 공중을 제압하는 항공기, 해상권을 장악하는 함선 등에 더하여 가공할 정도의 과학무기들이 등장하여 고대의 전쟁처럼 병진을 형성하여 운용하는 방법은 상상할 수도 없는 전술이다.

그러나 이 무렵에 이정이 정나라의 장공이 육전에서 수군의 전술인 어리진을 구사하여 상대방이 보고 듣지도 못한 병진을 만들었다는 사실을 설명한 것은 병진이 고대의 전쟁에서 얼마나 중요했던가를 말해준다.

병진은 장수들이 쓰는 데에 따라 변화된다.

어리진이 중국에서 쓰인 것은 수나라의 해군장 내호아가 수양제의 칙명을 받아 많은 대전선을 건조하여 고구려를 치기 위하여 어리진을 편성했던 실례가 있다.

『수서(隋書)』에 의하면 고구려를 침공한 수군은 대소선박 수

천 척이 배의 머리와 꼬리가 연결된 길이가 천리에 연했다(舳艫千里)고 했다. 이것은 문장의 과장만이 아니고 수군에서 처음으로 어리진을 편성한 그 장관의 표현이다.

그 이전에 중국의 수전은 수 문제 때에 청주의 수군이 고구려 북서쪽인 요동을 공격하려다가 고구려의 병마도원수 강이식 장군에게 참패한 사실이 기록(『해상잡록(海上雜錄)』)에 있다. 이런 점으로 보아 수군의 전술은 벌써 고구려 · 신라 · 백제 등 삼국에서는 많이 진전되어 있었음을 알 수 있다.

원래 수군에서는 파도 때문에 자연스레 어리진을 형성하는 요인이 되었다. 즉 파도는 거세고 전위부대만이 수로를 알고 항해하니까 아무리 많은 함선이 있더라도 2열 내지 3열로 줄을 지은 함선은 결국 인도선의 배꼬리에 연하여 행진할 수밖에 없다. 이러한 함선의 형세는 자연히 물고기 떼들이 물결을 따라 나아가는 과정과 다를 바가 없다.

후대의 학자들 사이에 수전의 어리진이 구강에서 처음으로 창안되었다고 하나 그것은 당송 이래 학자들의 주장이고, 춘추시대 이전에 벌써 오골성의 해변을 위시하여 고조선 서해안 즉 중국의 동해 동녘 일대에서는 선박왕래의 발달과 함께 어리진이 성행했다고 본다.

그 후 어리진은 동방 여러 나라에서 성행했으며, 신라에서는 어룡진(魚龍陳)이라는 이름으로 쓰인 흔적이 많다. 대체로 그 당시 어룡진은 용진(龍陳)이라는 약어로 사용하였으며 수군에서 용이란 어리진을 가리키는 말이다.

10. 태공의 진법

태종이 이정에게 태공망의 병진에 대해 물었다.

"태공망의 병법에 이르기를 군진을 칠 때 큰 진은 사방 600보, 작은 진은 60보로 하고, 푯말은 12진에 따라 박는다고 했소. 이것은 무슨 병술이오?"

이정이 대답했다.

"땅의 구획에서 둘레가 1,200보로서 사방을 개방하는 진형입니다. 병사 1인당 사방에 차지하는 거리를 방 20보로 하는데, 가로 5보, 세로 4보로 하여, 모두 2,500명을 동 · 서 · 남 · 북 · 중앙 5방으로 나누어 배치합니다. 그러면 4곳에 빈 곳이 있는데 이것을 소위 진간(陳間) 또는 객진(客陳)이라 합니다. 무왕께서 주(紂)를 칠 때 용감한 병사 3,000명, 날쌘 병사 3,000명을 직접 관장하여 중앙으로 삼고, 매 진에는 6,000명으로 편성하니 모두 30,000명의 큰 무리였습니다. 이것을 태공망의 획지법이라 합니다."

태종이 말했다.

"경의 육화진은 획지를 얼마만큼이나 하오?"

이정이 이에 대답했다.

"큰 열병식에는 사방의 땅을 1,200보로 합니다. 6진이 각 400보를 차지하고, 이것을 동서의 두 날개로 나누어서 그 사이에 빈 땅을 1,200보로 하여 전투의 훈련장으로 합니다.

신이 일찍이 30,000명을 가르칠 때 매 진마다 5,000명씩 1개의 진으로 편성하여 1개의 진은 대장의 직속으로 하고 남은 5개 진은 동·서·남·북·중앙 등 5방을 방형(네모), 원형, 곡형(曲形), 직형(直形), 예형(銳形)으로 편성하여 매 진이 5번씩 변형하여 모두 25번이 되면 훈련을 끝냅니다."

태종이 말하였다.

"오행진은 어떤 것이오?"

이정이 대답했다.

"본시는 청·적·백·흑·황의 5방색에서 그 명칭이 생겼습니다. 실제로 모지고, 둥글며, 굽은 것, 바른 것, 예리한 군진은 지형에 따라서 쓰이는 것이 사실이니, 무릇 군사가 이 5가지를 숙달하지 못하고 어찌 적과 대진할 수 있겠습니까?

병(兵)은 궤도(詭道)가 아닙니까? 그러므로 굳이 오행이라고 일컬어 놓고 문장은 이것을 수식(修飾)하는 술수로서 상생상극(相生相克)이라 하지만, 실제로 용병은 물과 같은 형상이어서 물이 지형의 제약을 받듯이 용병 역시 상황에 따라 제약을 받습니다. 이것이 진법의 본래 취지입니다."

❖ 해설

본 절은 태공의 병진에 대해 태종이 이정에게 질문하고, 이정이 태공망의 오행설에 의한 병진을 그 나름대로 설명하였다.

원래 태공망은 동이(東夷) 출신으로서 동이의 병법을 주나라 문·무왕에게 전수했고, 그 후 기자(箕子)를 달래어 홍범구주를 가져오게 했다는 일부 학자의 설도 있다. 그 유래는 접어두고 어쨌든 태공망은 문왕과 무왕을 도와서 군국책을 썼으며 은나라 주왕의 폭정을 증오하여 그를 평정했고, 기자의 홍범구주 전수는 주나라를 개화된 정치술로 다스리는 법도의 기초가 되었다.

이런 사실은 주나라 역사에 뚜렷하게 두 분야의 변화를 가져온 것으로서 태공의 병법도 자연히 기자가 전수한 홍범구주의 통치방법과 연관되어 있음을 입증한다.

그러므로 태공의 병법이 오행이나 또는 상수(象水)의 형태로 구상했다 하여 이것을 형이상학적인 것이라고 말할 수만은 없다.

이정은 이르기를 굳이 오행은 문장술로서 상생과 상극을 뜻하지만 그 실은 물의 형상에 따라서 지형의 제약을 받는 것이라고 했다. 이것은 당시의 중국은 아직 오행이 하나의 이론적인 학문으로 발전되지 못하였음을 입증하는 좋은 구절이다. 물의 형상이 지형이 높은 곳으로 흐르지 못하고 제약을 받는다고 한 것은 아직 오행상의 뜻에는 미치지 못한 것이라 하겠다.

장수가 실제로 물을 이용하는 것을 보면 강물을 둑으로 막았다가 적군이 공격해올 때 제방의 물을 터뜨려 강을 건너는 적군을 몰살시키는데 이는 지형을 이용한 전술의 하나이다.

그러나 약하고 유한 물의 성능을 이용하여 다양한 용병술을 쓰는 예를 보면 참으로 물의 이치에 놀라지 않을 수 없다. 예를 들면 유약한 물이 계곡의 돌을 능히 깨트린다는 진리를 이용하여, 약하고 유한 병세로써 강대한 적군을 유인하여 적의 형세에 조금이라도 허약한 곳이 있을 때 그 때를 놓치지 않고 공격하면 반드시 적을 물리칠 수 있다. 이렇듯 물을 이용한 전승기록은 얼마든지 있다. 태공망의 병서 『육도』에 소상하게 수록되어 있지 않은 것을 후대 학자나 병가들의 많은 취사선택 과정을 거쳐 오늘에 이른 것으로 본다.

그것은 현재 전해지는 『육도』가 음양기교(陰陽技巧), 형세, 권모, 재리(財利)의 무궁(無窮)편에서 『육도』를 발행하는 당시의 실정에 따라서 실용성 있게 변경 혹은 교정해서 출간한 것으로 볼 수 있다.

더욱이 앞 절인 「악무」편에서 이정은 조조의 전기, 함기, 유기 등을 자신이 편리한 대로 개편 편성했다고 했다.

병사란 원래 장수의 용법에 따라 자유자재로 그 형태나 그 방법을 개조할 수 있다고 본다.

그러므로 태공망의 『육도』가 엄연히 있는데 또 하나의 강태공의 병술론이 구전으로 전해진 것은, 태공의 병술 가운데서 그 당시 혹은 후세에 자신들이 능히 쓸 수 있는 것, 혹은 자신들이 알 수 없는 것은 빼고 필요한 것만을 추려서 책자로 만들었을 수도 있다.

또 본 절의 진을 편성하는 법은 전편의 井자 형태에서 많은 설명을 했으니 생략한다.

강태공이 은나라의 주왕을 칠 때 30,000명의 군사를 이끌고 진을 친 것이 9진이냐 8진이냐는 여러 학설이 있지만, 이것도 그 이름에 지나지 않으며, 井자의 진세에는 팔진법이든 구진법이든 모두 같은 형태의 진법이다. 그리고 군사에서도 수에 구애되지 않으니 30,000명 이상이든 이하이든 능히 편성할 수 있다.

11. 범려의 병술

태종이 이정에게 물었다.

"이적의 말에 방원진을 칠 때 암(牝) 수(雄)의 복병이 있다고 했는데 옛 병법에 그런 것이 있소?"

이정이 대답했다.

"암이니 수니 하는 병법은 속담에서 전하여 나온 말이며, 음양의 이치일 뿐입니다. 신이 살피건대, 범려가 이르기를 진의 뒤에는 음을 쓰고 진의 전면에는 양병을 쓰라 했으며, 적군의 양기가 다하고 아군의 음기가 가득 찼을 때 공략하라 했는데, 이것을 병가에서는 음양의 묘라 합니다.

범려는 또 이르기를 오른편에 설치한 진을 암으로 하고 더하여 왼편에 설치한 진을 수로 하여, 날씨가 이르고 늦음에 순응하는 하늘의 법도를 따르라고 했습니다. 이것은 곧 진의 좌우나 때의 빠르거나 늦음은 적과 대진하는 시간에 따라서 다르니 병가의 기정 변화와 같습니다. 좌우는 사람의 음양이고, 빠르거나 늦음은 하늘의 음양이며, 기병과 정병은 하늘과 사람이 서로 만나서 변하는 음양입니다. 만약 용병을 하는 이가 어느 하나만을 고집하여 변할 줄 모른다면 음양은 모두 쓸모가 없어지는데 어떻게 자기의 진영을 암수의 형태로 논하겠습니까?

그리고 형상이란 적군에게 기병을 쓰는 양 알리는 것은 아군의 정병술이 되지 못합니다. 전쟁에 이기는 자는 적이 정병을 쓸 때 이쪽에서는 기병을 씁니다. 이것을 가리켜 기병과 정병이 서로 변화하는 것이라 합니다. 복병은 산간 계곡의 초목 등에 숨어서 적이 이를 모르고 그대로 진출해 나오게 하는 것을 소위 복병이라 합니다. 그 정병은 그 움직임이 태산과 같아야 하고, 기병은 번개 같아야 하며, 적과 대면하여서도 적이 나의 기병과 정병이 있는 곳을 짐작할 수 없어야 합니다. 형세가 여기에 이르면 어찌 형태가 있다 할 수 있겠습니까?"

❖ 해설

태종이 이정에게 장수 이적은 방원(方圓)진을 구성할 때 암(牝), 수(牡)로 구분해서 복병한다고 했는데 이것이 옛날의 법에 있는가를 물었고, 이정은 그 진부를 월나라의 명신이었던 범려의 병법을 거론하여 대답한 것이 본 절의 대략이다.

그런데 범려의 병서가 2편이 있다고 하였으나, 현재는 그 문헌이 전해지지 않아서 거론할 수가 없다. 다만 본 절의 표현이 범려의 병서 일부를 인용한 것으로 보이는데, 연구의 대상이다.

그의 문헌은 병사라는 용어가 다른 병가류(兵家流)의 용어와 전혀 다르다. 그 예를 보면, 후즉용음 선즉용양(後則用陰 先則用陽)이라는 표현에서 드러나고, 또 기병을 음이라 하고 정병을 양이라 했다. 즉 병사의 기병술을 음이라 했고, 또 정병술을 양이라 하였다. 대체로 춘추시대 이래 오행설은 통치술을 비롯하여 각 분야에 보급되었고 그 진의를 파악하기란 매우 어려우나 그것을 중국이나 동양에서는 숙명적으로 인정하였다. 이 오행설은 각 분야에 결부시키지 않은 것이 없을 정도로 보편화된 이론이다. 사람의 운명을 점치는 데도 오행설이 등장했고, 살아가는 인생행로에서 죽음에 이르러 무덤을 만드는 데도 역시 오행설이 인용되었다.

이러한 풍조는 중국 춘추시대 이전에 벌써 동이족에서는 오행설이 4, 5백 년 이전에 유행되어 많이 쓴 사실을 중국의 고전에서도 찾아볼 수 있다. 이정이 이르기를 범려는 음양술에서 조안이순천도(早晏以順天道)라 하여, 천문에 관한 변화를 음양으로 구별하고 이른 아침과 늦은 밤의 정병술이나 기병술도 음양의 이치에 따라 해석했으며, 음양이 군사들의 사기에도 지대한 관계가 있고, 이에 대한 관심을 갖고 대처하는 방략을 강구함은 소상한 계략이라고 했다.

더욱이 범려는 음양 두 개의 병세를 가지고 이것을 오래 쓰지 못하면, 그것은 음양이 쓸모없이 되며, 그 기병과 정병은 결국 폐지하는 결과를 자초한다고 강조했다.

이것은 음양을 인간의 성기능에 비유하면 누구나 쉽게 이해가 가는 구절이다. 즉 인간이 남녀 모두 음양의 기능을 갖고 있지만 오래 남녀관계의 교접이 없으면 성기능이 없는 것이나 마찬가지이듯이 기병과 정병은 적기에 쓰지 않으면 안 됨을 밝혔다.

이러한 표현을 이정이 통속적이라고 지적했지만, 사실 장수는 물론 독자들에게도 이해가 쉽게 되는 비유이다.

또한 범려는 음양술을 쓰는 시기를 이른 아침과 늦은 밤 등, 기병과 정병 즉 음양을 쓸 시기를 가려서 써야 하고, 음양이 변화하고 합하는 것을 하늘과 사람이 서로 합하는 이치와 같은 것이 음양술이라고 지적한 것도 재미있는 표현이다.

대체로 병가들은 음양술에서 하늘과 땅이 합한다고 했는데, 범려는 땅 대신 사람이라고 하였다. 이와 같이 하늘과 땅을 신성시하던 고대에서 땅이란 표현을 하지 않고 사람과 하늘이란 용어로 음양이 합한다고 하였는데, 중국의 고대 천지사상에서 사용한 문사와는 다르다.

12. 사수진(四獸陳)[1]의 비책

태종이 물었다.

"사수(청룡·백호·주작·현무)진은 상(商)·우(羽)·치(徵)·각(角)을 형상으로 진을 친다는데, 어떤 것이오?"

이정이 대답했다.

"그것은 궤도(詭道)입니다."

태종이 질문했다.

"그러면 폐기해야 하오?"

이정이 대답했다.

"그대로 두는 것이 소위 폐하는 것입니다. 만일 이것을 폐하고 쓰지 않는다면 거짓은 더욱 심할 것입니다."

태종은 다시 물었다.

"어찌하여 그렇소?"

이정이 대답하였다.

"가령 사수(四獸)의 진을 천지풍운이라고 부르기도 하고, 또

---

1) 사수진(四獸陳) : 네 마리의 짐승 즉 용(龍)·호(虎)·조(鳥)·사(蛇)의 형상을 상징으로 한 병진.

는 이와 더불어 상(商)은 금(金)으로, 우(羽)는 수(水)로, 치(徵)는 화(火)로, 각(角)은 목(木)으로 배열한 것 그 모두가 병가들이 자고로 궤도로 써왔습니다. 그러니 그대로 두면 다른 속임수가 증가되지는 않을 것이지만, 폐지를 하면 우매한 자들의 그 탐하는 바를 무슨 수로 막으며 그들을 따르게 하겠습니까?"

태종은 혼잣말로 그대로 오래 두는 것이 좋겠다고 되풀이하다가 이정에게 말했다.

"경의 말대로 비밀히 할 것이니 이 사실을 밖에 누설치 마오."

❖ 해설

본 절의 요지는 태종이 용호조사(龍虎鳥蛇)를 호칭한 사수진(四獸陳)이란 것을 이정에게 물은 다음 이에 대한 대책을 강구한 것이다.

태종의 물음에 이정은 사수진이란 것이 오직 병략가들이 병술을 현혹하기 위해 만들어낸 명칭일 뿐 실제로는 존재하지 않는다고 대답했다.

이것은 군략가들이 민심을 수습하는 하나의 군략에 속한다. 원래 나라가 어지러우면 으레 군웅이 할거하여 자칭 영웅이라 하고 또는 자신만의 기괴한 술책으로 천하를 다스리려 스스로 일어나는 정상배 혹은 무인들이 배출되기 마련이다. 그러므로 제갈량의 팔진도는 귀신을 불러서 천지가 진동한다거나, 또는 오행술로 용호조사를 마음대로 조종한다는 따위는 그 명칭만이 오행의 궁상각치우(宮商角徵羽)일 뿐 그 실제로는 아무 근거가 없다고 단언한 이정의 처사는 명철한 판단이다.

그러면서 이정은 사수진을 아무 쓸모가 없다고 이를 폐지해 버리면 간사한 무리들은 오히려 그 처사를 시비하고 여러 부작용이 생길 것을 염려했다. 간사한 무리들은 집권자가 사수진을 쓸 줄 모르기 때문에 폐기했다고 할 것이며, 그런 다음에는 다른 명칭을 써서 사수진을 주장할 것이라고 단정했다. 그래서 이정은 오히려 쓸모없는 사수진을 그대로 방치하는 것이 낫다고 하였다.

이정의 이러한 생각에는 또 하나의 깊은 전략이 내포되어 있다고 본다. 그 시절에는 자칭 자신이 사수진에 능통하여, 군왕이 병권만 준다면 평천하하겠다는 자들이 많았던 까닭이다. 대체로 그들은 도가나 선가들로서 풍운조화를 자유로이 구사하고 또 사수를 조종하여 대군을 격멸할 수 있다고 혹세무민하였다. 또 한나라 말엽에 혹자는 큰 야망을 품고 깊은 산중에 은거하면서 그 조화술을 배우기 위해 오랜 세월을 허무하게 보냈다는 기록이 있어 오리무중술 등이 만연하여 때이다.

이정은 이러한 자들을 법으로 제압하기보다는 그런 무리들을 깊은 산중으로 내몰아 사수진이라는 하나의 물상(物象)에

취하여 세월을 보내도록 방치해두고, 그들과 백성들의 연계만 끊으면 오히려 그것이 무마책이 될 수 있다고 보았다. 그래서 이정은 어떤 위인이 어떠한 목적 하에 사수진을 내놓은 것인가를 지금 왈가왈부하여 일부러 논의를 일으킬 필요가 없고, 오직 그 사수진을 그대로 방치해두고 쓰지를 않으면 결국 사수진을 배워도 쓸모가 없기 때문에 올바른 사람은 그것을 배우지 않을 것이며, 다만 그릇된 사람만이 그것을 배울 것이므로 그러한 범위 내에서 내버려두는 것이 상책이라고 생각했다.

태종이 집권했던 시절에는 이런 정략을 쓴 예가 많다. 그 예를 들면 태종의 정관지치(貞觀之治)를 찬양하는 가운데 옥중의 죄수들까지도 모두 황제의 대은에 열복하여 착한 사람이 되었다고 하였고, 현군의 발자취를 남기려는 뜻에서 죄수들을 모두 석방했다고는 기록도 있다.

죄수를 감옥에 수감하는 것은 오직 그 죄수들을 착한 사람으로 만들기 위하여 일정한 기간 회개하게 하는 시책이다. 그런데 그 죄수들을 일시 석방하면서 소정의 기일 내에 다시 감옥으로 돌아오게 하고는 그들이 다시 돌아오자 태종을 이를 가상히 여겨 모두 방면했다. 그러나 후세의 구양수는 그에 대해 평하기를 “당 태종이 은덕을 베푼 것도 아니고, 죄수들이 신의를 지킨 것도 아니다”라고 비판하였다.

물론 앞에서 설명한 사수의 진을 그대로 두는 것이나 후자의 죄수들을 군왕의 성덕을 기리기 위하여 방면하는 처사는 같은 종류의 정략(政略)이기는 하지만 그것이 모두 방책으로는 하책(下策)이다. 대국의 황제가 쓸모없는 사수진의 존폐 부작용이 두려워서 그것을 은밀하게 방치하려는 책략을 쓰는데, 어찌 만민을 위한 군왕이라고 자부할 수 있겠는가?

13. 왕망(王莽)의 패인

태종이 이정에게 물었다.

"준엄한 형벌로 법도를 세우면 군사들은 나를 두려워하지만, 적군은 두려워하지 않는다고 했소. 짐은 그것을 심히 의아하게 생각하오. 옛날 광무제는 외로운 군사를 이끌고 왕망(王莽)의 백만 대군을 능히 당해냈소. 그것은 형벌로써 싸움에 임한 것도 아닌데 그 이유는 무엇이오?"

이정이 대답했다.

"병가들의 이기고 지는 것은 그 정상이 천태만상이어서 그 어느 한 가지만으로는 헤아릴 수 없습니다. 진나라 군사가 진승(陳承)과 오광(吳廣)에게 패하였는데 어찌 진승이나 오광의 형법이 능히 진나라보다 더 엄해서였겠습니까?

광무제가 승리하게 된 것은 왕망을 원망하는 사람이 모두 순종하였기 때문입니다. 더구나 왕심과 왕읍은 병법에 밝지 못하면서 군사의 무리가 많은 것만을 과시하다가 스스로 패한 것입니다.

신이 살피건대, 손자는 이르기를 졸병들과 아직 친숙해지기전에 이를 엄벌하면 그들은 복종하지 않으며, 친숙해진 후 잘못을 알고 처벌하지 않으면 가히 쓸모없는 병사라고 했습니다. 이 말은 무릇 장수된 자가 먼저 군사들과 사랑으로 결합되고 그런 연후에는 처벌을 엄중히 하라는 것입니다. 만일 사랑을 베풀지 않고 오직 준엄하기만 하면 잘 이루어지지 않습니다."

태종이 말했다.

"『상서』에서 일컫기를 위엄이 자애를 이기면 이루어지고, 자애가 위엄에 이기면 성공할 수 없다고 하였는데 무엇을 말함이오?"

이정이 말했다.

"자애심으로 먼저 베풀고 위엄은 후에 세워야 하는데, 그에 반대되는 것은 안 됩니다. 만일 위엄을 먼저 세우고 후에 자애심으로써 구하려는 것은 무익합니다. 『상서』에는 그 끝마무리를 신중히 경계하라는 것으로서 꾀를 부릴 때에는 처음부터 잘하지 않으면 안 됩니다. 그러므로 손자의 법은 만대에 변하지 않습니다."

❖ 해설

본 절에서는 엄중한 형벌로써 군사를 다스려야 하는 군사행정에 속하는 문제를 거론하였다.

태종은 전한 말기에 신하로서 왕권을 찬탈한 왕망과 후한의 광무제를 예로 들었다.

왕망은 전한의 성제(成帝), 정도왕(定陶王), 평제(平帝) 3대에 걸쳐서 군권과 정권을 장악하였고, 평제의 황후는 왕망의 딸이었으므로 그는 섭정이 되었다.

주나라 예법에 따르면, 재상이 되려면 구석(九錫)이라 하여 황제로부터 아홉 번을 명령장을 받아야 했다. 이것은 사대부에서 제후 등에 이르기까지 등급이 오를 때마다 군왕의 사령장을 아홉 번을 받아야 결국 재상에 오른다는 뜻이다.

이렇게 재상이 되어 실권을 장악한 왕망은 자신을 주나라 때의 주공(周公)에 비유하여 주나라의 정치제도를 모방하고, 정치제도를 대개혁하는 유신(維新)을 단행하기에 이르렀다. 평제가 죽고 선제의 현손인 영(嬰)을 평제의 태자로 삼아 황제의 자리를 계승하게 하였지만, 곧 그 실질적인 정권은 모두 왕망이 장악하고, 섭황제(攝皇帝)라는 구실 아래 한나라의 정권을 전횡하였다. 왕망은 마침내는 한나라를 찬탈하고 신(新)나라를 개국하였다.

이때에 용릉(舂陵)의 호족인 유수(劉秀)는 그의 형 유연과 더불어 군사를 일으켜 곤양과 무관 등에서 왕망과 싸웠는데, 왕망이 패하여 혁신정치를 한 지 15년(서기 23년) 만에 신나라는 망하고, 유수는 후한의 세조로서 광무제가 되었다.

태종은 유수와 왕망의 싸움에서 유수의 군사는 정규군이 아닌 소수의 오합지졸이었는데 왕망의 백만 대군을 이긴 것을 예로 들면서 유수의 군과 왕망군의 형법의 강유를 이정에게 물었다. 또 반란군과 도적의 무리가 어찌 준엄한 법도 아래 질서가 잡힌 왕망의 정규군을 이길 수가 있었는지를 물었다.

그때 유수의 군대는 청주지방에서 왕망의 농지개혁에 반기를 든 반란민이 관군과의 식별을 위하여 눈썹과 이마에 붉은 칠한 적미군(赤眉軍) 무리와 형주지방의 도적 무리로 규합된 녹림군으로 구성되었다.

이에 대하여 이정은 병가들의 이기고 지는 것은 그때의 특수한 정세에 따라 그 특수한 형세를 잘 이용하는 장수는 이길 것이고, 또 그때의 특수한 형세를 잘 모르고 싸우는 장수는 패하게 됨을 설명하였다. 그러면서 왕망의 장수였던 왕심이나 왕읍 등은 병사를 모르는 자라고 지적했다.

이정은 다시 진승과 오광이 형법이 준엄하기로 유명한 진나라 군사에 승리한 것을 예로 들어 그것을 반증하였다. 결국 유수의 군은 왕망의 정치에 원망을 가진 적미, 녹림군이 스스로 유수를 따랐으니 아무리 백만 대군인들 왕망의 장수 왕심이 용병술을 모르는데 그 많은 군사가 무슨 소용이 있겠느냐고 대답했다. 즉 적미군, 녹림군의 결사적인 소수의 군사에 참패하는 것이 당연하다고 했다.

이정은 군사에게 벌을 앞세우지 말고 먼저 그들을 친숙하게 가르친 후에 그 군사가 잘못이 있을 때 처벌해야 하며, 또 그때에 잘못을 엄벌하지 못하면 그 군사는 아무 쓸모없는 군사가 된다고 지적했다.

이것은 장수는 평소에 군사를 사랑하고 친숙하게 생각하여 군사들이 스스로 장수를 따르게 하지 않으면, 위급할 때 장수가 아무리 강력한 장령을 내려도 아무 소용이 없다는 의미이다.

장수가 자기의 위신이나 위엄만을 앞세워 준엄한 형벌을 가하기만 하고 군사를 사랑하지 않다가 일이 잘못된 뒤에 그들을 동정하고 구하려 하는데, 이는 오히려 군사들을 무능하게 만드는 결과를 가져온다. 이와 같이 병사란 그 자체가 나라에 위급한 일이 있을 때 쓰는 것이므로 용병에는 처음부터 소상한 계략을 세워서 써야 무익한 군사가 안 된다는 설명이다.

14. 적정심찰(敵情審察)

태종이 물었다.

"경이 소선(蕭銑)의 무리를 평정했을 때, 여러 장수가 소선의 신하 가산을 몰수하여 군사들에게 상으로 나누어주자고 했는데, 경은 홀로 이에 따르지 않았소. 이것은 한 고조가 괴통을 죽이지 않고 포용했던 것처럼 실제로 장강과 한수 일대의 백성들이 경의 조처에 감격하여 모두 귀순하였소. 짐이 생각건대, 옛사람들의 말에 문덕(文德)은 능히 대중이 따르고, 무위(武威)는 능히 적군을 위협한다고 했는데 경의 말뜻과 같으오."

이정이 대답했다.

"한나라 광무제가 적미군을 평정할 때 도적의 진영에까지 들어가서 살핀 일이 있습니다. 도적들이 이르기를 '소왕(당시의 광무제)은 사람의 숨겨진 마음을 가리는데 그 뱃속까지를 살핀다'고 했습니다. 이것은 덮어놓고 사람의 본심을 나쁘게만 보지 않고 먼저 사람들의 본성을 살피려는 것입니다. 어찌 먼저 살피지 않고 예측할 수 있겠습니까? 신이 돌궐을 칠 때 번병과 한병을 모두 이끌고 천리 밖의 요새에 나아갔으나 한 사람도 양간의 예를 따라 죽인 일이 없으며, 한 사람도 장고와 같이 벤 일이 없습니다. 오직 성심을 다하여 봉공하였을 따름이었습니다. 폐하께서 지나치게 들으시고 신을 발탁하시어 높은 직위와 작위에 있게 한 것입니다. 만약일지라도 신이 문무를 겸비했다고 하신 말씀은 참으로 합당한 말씀이 아닙니다."

❖ 해설

본 절은 소선을 평정했을 때 그 신하들의 재산을 몰수하여 군사들에게 나누어주어 논공행상에 쓰려 했지만, 이정만이 이것을 반대했다. 이러한 지난 일을 생각하여 태종은 옛날 한나라 창업 때 큰 공을 세운 한신의 모사 괴통을 거울삼은 것이 아니냐고 물었다.

이에 대해 이정은 광무제가 적미당을 평정한 예를 들었다. 광무제는 한때 적미당의 협조를 얻어서 큰일을 도모했다. 대업을 이룬 뒤에 신하들이 그들에게 딴 뜻이 있다고 간하자 신하들의 말만을 듣고 응징하는 것은 주장으로서 위엄만을 세우려는 것이고 진정한 마음으로 그들을 달래보고 가르쳐보지도 않고 엄한 형벌을 주는 것이라고 생각하여 적미당의 실정을 자신이 직접 살펴본 후에 대책을 세웠다. 이렇듯 장수된 자는 어떤 일을 할 때 사전에 군사들에게 세심한 교육을 시키고, 그들과 같이 친숙하게 지내며, 또 잘못이 있으면 엄벌을 해서 뭇 군사의 귀감이 되어 장수의 명령이 내리면 일사불란하게 행동할 수 있어야 한다고 했다.

그런 까닭에 이정 자신은 질서 있는 한나라 군인만이 아니고, 미숙한 번병의 무리를 이끌고 수천 리를 행군하여 출정했지만, 양간이나 장고와 같이 한 사람의 목을 베거나 죽인 일이 없었다고 했다.

이것은 이정 자신의 자랑이 담긴 말이어서 다소 어색하지만, 그는 자기가 행군할 때 군사들을 사랑했으며, 또 세심한 주의를 기울여 통솔했음을 반증하는 좋은 말이다.

이것은 한나라의 광무제의 처사나 자신이 한 일은 모두 사전에 심사숙고하여 두었던 것을 실행에 옮겼을 뿐임을 증명하였다. 그러나 이정은 한신이나 괴통의 예는 들지 않았다. 그것은 문헌에 당병(唐兵)을 한병(漢兵)이라 한 것을 보아도 그 당시 한나라 고조의 통치술을 얼마나 숭상했던가를 가히 알 수 있다.

그러나 한신이 천하에 큰 공을 세웠으나 결국 반역으로 참형되었으니 이정은 태종 황제 앞에서 괴통의 사건을 거론하지 않은 것은 명철한 처사이다. 그러나 한신의 전기가 한나라의『예문지』와『통감』에도 전재되어 그의 반역론이 많은 입에 오르내렸던 것도 사실이다. 그러므로 많은 군략가들이 한신의 작전술을 연구한 것도 부인할 수 없다. 그렇기 때문에 제갈량도 한신의 전술을 높이 평가했으니 이정 또한 그 자신으로서는 한신의 병술을 찬양하였다. 다만 군왕과의 대면이어서 이를 삼갔을 뿐이다.

15. 사간술(死間術)

태종이 물었다.

"지난날 당검(唐儉)을 돌궐에 사신으로 보내놓고, 경은 그 기회를 이용하여 돌궐을 격파했소. 뭇 사람들은 경이 당검을 죽을 지경으로 내몰았다고 하오. 짐은 지금껏 이를 의아하게 생각하는데 어떻게 생각하오?"

이정은 태종의 질문에 대하여 재배한 다음 말하였다.

"신은 당검과 더불어 어깨를 나란히 하여 한 군주를 섬기는 장수입니다. 그때에 당검은 적을 탐지도 하고 설복하겠다고 했지만, 그들이 유순하지 않아 반드시 복종하지 않을 것이라고 믿었기 때문에 신은 군사로써 기습하여 격멸했습니다. 이것은 큰 근심을 없애기 위하여 작은 의리를 돌보지 않은 것입니다.

사람들은 신이 당검을 죽을 처지의 사신으로 내몰았다고 하지만, 이것은 신의 참뜻을 모른 때문입니다. 손자의 병서를 상고해 보면, 「용간편(用間篇)」 중의 최하책을 쓴 것입니다. 신이 일찍이 용간편의 주석을 보았는데 그 말미에 논하기를 물은 능히 배를 띄울 수도 있으며 또 능히 배를 뒤집어엎을 수도 있다고 하였습니다. 이와 같이 간첩을 써서 혹은 성공할 수도 있고, 혹은 간첩의 말에 기울어져 패하는 일도 있습니다.

그렇더라도 젊어서부터 군주를 섬기되 조정의 일을 공정하게 처리하고 충절을 바치며 성실과 신의를 다한다면 적의 빼어난 간첩이 조정에 있더라도 어찌 간계를 쓸 수 있겠습니까? 당검을 죽을 지경의 사신으로 보낸 것은 의로운 일은 아니지만 극히 적은 의에 속하니 폐하께서는 의아하게 생각하지 마십시오."

태종이 말하였다.

"실로 진실하오. 인자하고 의롭지 아니하면 간첩을 능히 부릴 수 없다고 했소. 소인들은 감히 할 수 없는 일이오. 주공께서는 대의를 위하여 친족을 멸했소. 하물며 한낱 사자일진데 추호도 의심할 여지가 없소."

❖ 해설

본 절은 대의를 위하여 소의를 버려야 한다면서 주공이 그 형 관숙을 멸한 고사를 인용하였으나, 실제로는 군왕과 장수가 은밀히 합의한 다음 간첩을 적군에 보내놓고 기습하여 승리한 사례이다. 즉 간첩을 이용하는 용병술이다.

태종이 당검을 돌궐에 사신으로 보내 죽을 지경에 이르게 한 것은 사간책이다.

또 한신이 괴통의 계략을 듣고 광야군을 제나라 전왕에게 보내서 한 고조의 친선하자는 서신을 전달하면서 화친하자고 제의한 것 역시 하나의 사간책이다. 이때에 제왕은 초패왕에게 원병을 요청하여 용저의 대군이 원군으로 오는 도중이었다. 그러나 시간을 벌기 위해서는 한 고조의 화친을 받아들이는 것이 당장에 유리했다. 그리하여 제왕은 광야군을 한 고조의 진실한 사신으로 믿고 싸울 준비를 하지 않고 있었다. 그러나 뜻밖에 한신의 대군이 쳐들어와서 성읍을 빼앗기고 말았다. 이렇게 되니 한 고조가 신임하던 모사 광야군 역이기는 제왕에 의해서 간첩으로 체포되어 거리에서 참살 당했다.

이정도 한신의 이 계략을 그대로 답습하여 당검을 제물로 보내었으니, 이것은 하나의 전술상의 문제이다.

앞 절에서도 논했지만 태종은 괴통의 계략으로 한신이 성공한 예는 물으면서도 한신이나 괴통에 대한 그 후의 행적은 추호도 언급하지 않았다.

그것은 역적이 된 괴통의 예를 드는 것이 사리에 어긋나서 후대에 이를 교정한 것으로 볼 수도 있고, 태종은 황제이기 때문에 황제의 발언은 신성하고 책임이 없기 때문에 그대로 두었다고 판단할 수도 있다.

사신을 이용한 전술이 당나라에서 쓰인 사례는 많이 있다. 태종은 이정과 병사문답을 하는 가운데서도 야심은 고구려를 침략하는 것이 유일한 숙원이었기에 이현장을 사신으로 고구려의 연개소문에게 보냈다. 만일 이때 연개소문이 병사에 능통하지 못하여 친당책을 썼다면 고구려는 돌궐의 운명과 조금도 다를 바가 없었을 것이다. 이정의 제안으로 태종이 이 계략을 실행했으나 연개소문은 이현장이 사간으로 온 것을 알면서도 짐짓 그대로 돌려보내는 상책을 썼다.

이와 같이 간첩을 이용한 전술은 고금을 막론하고 끊임없이 쓰이고, 또 음흉한 흉계가 내포되어 있지만, 역시 이름만은 양두구육(羊頭狗肉)의 탈을 쓰고 친선사신으로 미화된다.

16. 속전의 이득

태종이 이정에게 물었다.

"병사에서 내가 주도권을 갖는 것을 중요시하고 피동적이 되어 싸우는 것을 기피하고, 속전속결을 중요시하고 오래 싸우는 것을 기피하는데 그것은 무슨 까닭이오?"

이정이 대답하였다.

"군사는 만부득이한 때만 일으켜야 합니다. 어찌 남의 나라에서 주도권을 갖지 못한 채 오래 싸울 수 있겠습니까? 손자는 이르기를 먼 거리에 출정하여 군량을 수송하려면 백성들이 빈곤해지니 이것이 주도권을 갖지 못한 폐단이라 했습니다. 또 이르기를 병역은 병적에 따라 2번 이상 뽑아 쓰지 않고, 군량은 3번 이상 실어서는 안 된다고 했습니다. 이것이 모두 오래 싸우면 안 된다는 경험에서 온 것입니다.

신이 병사에서 주객(主客)의 세를 헤아려 보았더니 객(客)이 변하여 주(主)가 되기도 하고, 주가 변하여 객이 되기도 하는 변술이 있었습니다."

태종이 물었다.

"그것은 무슨 말이오?"

이정이 대답했다.

"군량을 적국에서 조달한다면 이것이 객이 변하여 주가 되었다고 합니다. 적이 포식하던 것을 굶주리게 하고, 편안하던 것을 피로하게 만드는 것이, 주가 변하여 객이 되었다고 합니다. 그러므로 병사에는 주객이나 빠르고 늦음에 구애됨이 없이 발병할 때는 반드시 상황에 따라 적절하게 대처하는 것이 마땅합니다."

태종이 말했다.

"옛날 사람들도 이런 것이 있었습니까?"

이정이 대답했다.

"옛날 월나라가 오나라를 칠 때 좌우 2군이 북과 금고를 울리며 진격하자 오나라군은 2곳으로 나누어 막았습니다. 그런데 월나라의 중군은 북이나 금고를 울리지 않고 은밀히 강을 건너서 오나라 군사를 기습하여 오군은 참패하였습니다. 이것이 객이 주가 되어 승리를 거둔 사례입니다. 석륵과 희담이 싸울 때, 희담의 군사는 먼 곳에서 원정을 왔습니다. 석륵은 부장 공장을 선봉장으로 삼아서 희담의 군사를 역습하게 했습니다. 이때 공장의 군사가 거짓 패하는 체하면서 도주하자 희담이 추격을 하였는데, 석륵은 복병을 두었다가 기습하여 희담군은 대패했습니다. 이것이 피로한 군사를 편안한 군사로 바꾼 본보기입니다. 옛 사람들도 이런 일은 많았습니다."

태종이 다시 물었다.

"철질려나 행마는 태공망이 만들었다고 하는데 그것이 사실이오?"

이정이 대답했다.

"그렇습니다. 그러나 그것들은 적의 공격을 막는 데 그쳤습니다. 그러나 병사에는 아방이 주도권을 갖고 적을 유인하는 것을 중요시하지 오로지 적을 방어하는 것은 능사가 아닙니다. 태공의 『육도』에는 적을 수비하는 기구에 대해 말할 뿐 적을 공략하는 전법은 언급이 없습니다."

❖ 해설

본 절에서는 전쟁에서 지구전의 폐단을 막고 속전으로 끝내는 것이 유리함을 거론했다.

전쟁이란 두 나라가 국경을 맞대고 싸울 때도 있지만 먼 거리를 출정하여 싸울 때도 있다. 물론 현대전에서는 항공기와 함대 등 수송 수단의 발달로 어느 정도 그 거리가 좁혀졌지만, 역시 수송이 편리한 지역에서 싸우는 것이 유리함은 말할 나위도 없다.

전쟁은 어디서 하든 단시일 내에 결전을 끝내면 국가의 모든 재원이 절약된다. 더욱이 근대전은 화력이 커져서 시일을 끌면 끌수록 모든 분야에서 파괴가 방대하여 전쟁에는 승리했더라도 국가가 황폐화될 가능성이 많다. 이러한 이유로 현재는 우세한 공군력이나 핵이 두려워 좀처럼 전쟁을 일으키지 못하며, 핵이 하나의 전쟁방지의 도구가 되기도 한다.

현대전은 중동전쟁에서처럼 불과 10일 내에 전쟁을 끝내는 단기전이 있기도 했다.

그러나 고대의 전쟁에서는 주로 보병의 용맹과 용병술에 의존했기에 전쟁은 오직 군사들만의 싸움으로 끝났다. 그 무렵의 원거리 출정에는 군사들이 전쟁터에 나가서 싸우는 무기와 군량 외에도 막대한 군수품이 동원되었다. 즉 전장에서 쓰이는 모든 물자를 본국에서 수송해야 하니 그 나라의 재정이나 식량 등이 소모되므로 전쟁을 오래 끌면 결국 전 국민이 곤란한 처지가 되었다.

즉 무기를 계속 공급하려면 다른 생산은 자연 정지되고 무기를 제작해야 되며, 이것이 제작되면 그것을 전선으로 보내려면 국민이 부역을 해야 했다. 더욱이 식량은 전장에서 소모되는 것을 수송하려니 자연 국내에는 식량이 부족하여 백성들은 굶주리게 되었다. 형세가 이러하므로 전쟁을 오래 끌면 백성들은 전쟁에 싫증날 것이 명백하다. 이러한 까닭에 전쟁은 단시일에 끝내는 것을 우선으로 삼는 것이 당연하다.

본 절에서 특기할 만한 것은 만부득이하여 군사를 이끌고 먼 거리를 출정할 때는 변객위주책(變客爲主策)을 쓰라고 한 점이고, 그것이 상책이라 한 점이다. 이런 것은 용병술에 속하지만 적국에 들어가서 싸울 때는 직접 혹은 간접적으로 주객의 차이가 많고 따라서 효과 면에서도 현격한 차이가 있다. 우선 식량 면에서도 그것을 적국에서 현지조달하면 적국의 식량은 부족하고, 아방에서는 그만큼 식량이 여유가 생기며, 본국의 국민이 식량을 수송하는 부역도 면하고, 배부르게 먹을 수도 있어 병가에서는 이것을 주인이 객이 되고, 객이 주인이 되는 변화술이라 했다.

또 무기를 적에게서 탈취하는 것 역시 식량의 경우와 마찬가지 이치로 적군이 아군을 살해할 무기를 없애는 결과가 되므로 일거삼득의 효과이다.

객이 주가 되는 것은 병기나 식량에만 국한된 문제는 아니다. 지형을 점령할 때도 적에게 유리한 곳을 아방이 먼저 점령하면 그들을 유인할 수 있듯이 유리한 지형을 차지하는 것도 객이 주가 되며, 천문에 따른 용병술도 천문과 기후의 변화 상태를 연구하여 그것을 전술에 이용하면 객이 주인이 되는 사례가 헤아릴 수 없이 많다. 그러므로 장수는 현지의 형세를 관찰하여 그 때와 장소에 따라서 능동적인 변화술을 잘 써야 한다. 그래서 전쟁은 지구전이 아닌 속전술이 요망된다.

제3편

문대 하

1. 보기(步騎)의 대전(對戰)

태종이 물었다.

"태공망이 이르기를 보병으로 병차나 기마병과 싸울 때는 반드시 구릉이나 묘지 등 험준한 곳에 의지하라고 했소. 또 손자는 이르기를 천연적으로 틈난 땅이나 묘지, 옛 성터에는 군사를 머물게 할 수가 없다고 했으니, 어떻게 된 것인지 말해 주오."

이정이 대답했다.

"군사를 쓰려면 무리의 마음이 하나가 되어야 하고, 마음을 일치하려면 상서롭지 못한 것은 금하고 의심나는 것을 없애야 합니다.

혹시 주장이 꺼리는 것이나 의아스러운 곳이 있으면 군중의 마음에 동요가 생기며, 적은 그 틈을 기회로 삼아 쳐들어올 것입니다.

진영을 안정된 곳에 자리 잡는 것은 부대의 운용과 군사들의 편리함 때문입니다. 만약 비좁은 협곡, 개천, 늪지대, 또는 땅이 갈라진 곳, 짐승의 우리 같은 곳, 그물 같은 곳은 부대의 운용에 어렵고 군사들이 행동하기에 불편합니다. 그래서 병가들은 이런 곳은 피하고, 적의 습격에 나를 방어할 구릉이나 묘지, 옛 성터는 험난한 지형은 아니고 내가 편리함을 얻을 수 있는 곳인데 어찌 이곳을 돌이켜 버리겠습니까? 태공망의 주장은 병가들의 지극한 요결입니다."

❖ 해설

본 절은 태종과 이정의 지형의 이용에 대한 질문과 대답이다.

그 요지는 태공이 보병으로 적의 병차나 기마병과 싸울 때는 구릉, 묘지, 험준한 곳에 반드시 의지하라 했는데, 손자의 병서에는 그러한 지형은 적군의 기습을 받을 염려가 있기 때문에 진을 치면 안 된다고 하였으니 그 궁금함을 물었다.

이에 대하여 이정은 태공의 주장을 찬양하면서, 손자의 병서에 대한 해명은 하지를 않았다. 그것은 보병이 기마병과 전차를 상대하여 싸울 때라고 태종이 명백하게 태공의 병서를 질문했기 때문이다.

손자의 병서는 일반적인 개념을 설명했을 뿐으로, 보병이 전차나 기마병과 싸운다는 명문이 없다. 즉 일반적인 병진을 칠 때의 지형은 손자의 주장이 타당하지만 그와 반대로 보병으로 전투력이 막강한 병차와 기마병을 맞아 싸울 때는 기마병과 병차가 자유로이 달릴 수 없는 지역을 택해야 한다. 그러므로 기마병과 병차가 자유자재로 달릴 수 없는 계곡의 시냇가, 굴곡이 심한 묘지, 구릉에 의지해서 적군을 방어하라는 것이다.

대체로 병가들이 말한 지형을 살펴보면 그 지역이 어떠한 전쟁에 적당한 형세인지를 알 수 있다. 그래서 전차들의 결함을 미리 파악하고 적의 습격을 막는 데는 그런 지형이 아니면 기마대와 병차 등을 방어할 수 없음을 명료하게 설명하였다.

한편 손자는 위에서 언급한 지형은 군사들이 의심이나 기피 혹은 동요될 우려가 있는 지형이므로 가급적 피하라고 했다. 무리를 통솔하는 데에는 미신을 금지하는데, 그것은 군사들이 장수의 명령을 믿고 단결하기 위함이다. 만일 묘지나 옛 성터에는 많은 요설이 떠돌 수도 있어서 그러한 요설로 인해 군사들이 동요해서 틈이 생길 때 적군이 침략해오면 의외로 패전할 수도 있기 때문이다.

그러나 이정은 보병이 행군 도중 적의 기마병이나 병차를 만나서 싸운다면 앞에서 말한 험한 지형에 의지하여 싸우라고 했는데, 그것은 상호간에 전투가 급박한 시기를 가리키는 것으로 해석된다. 그러므로 그곳에 진을 치고 오래 머물러 있지 말라는 손자가 설정과는 많은 차이가 있다. 즉 태공의 말은 전투 시기와 장소를 적시하여 설명한 것이므로 조금도 의아할 점이 없다.

2. 미신의 엄금

태종이 물었다.

"짐이 생각해보니 전쟁보다 더 심한 흉사는 없을 것이오. 군사를 일으킬 때는 진실로 병사가 중요하다고 생각하오. 어찌 피하는 것, 꺼리는 것, 의아스러운 것들에 얽매일 수 있겠소? 앞으로 장수들이 꺼리는 것이나 음양에 구애되어 전쟁에서의 좋은 기회를 놓치는 일이 없도록 경은 마땅히 장수들을 성심으로 타일러주시오."

이정은 황은에 감사하여 재배한 다음 말하였다.

"신이 울료자의 병서를 상고한바 황제께서는 덕으로써 나라를 다스렸고 무력으로써 적을 정벌하였다고 하였습니다. 이것을 일컬어 형덕(刑德)이라 합니다. 천관이 날씨와 시각을 가리는 것이 아닙니다. 그러나 궤도를 사용하는 것도 용병의 하나이므로 그런 것을 알고도 시행하나, 그 쓰는 것을 자세하게 알 필요는 없습니다. 후세의 용렬한 장수들은 음양가의 술수에 빠져서 이것 때문에 패한 일이 많았으니 실로 경계하지 않으면 안 될 일입니다. 폐하의 높은 가르침을 받들어 신이 여러 장수에게 마땅히 알리겠습니다."

❖ 해설

전쟁은 어떠한 흉악한 것에도 비할 수 없는 흉사이다. 그러므로 군사를 일으켜 출정할 때 주장과 장수는 목욕재계하고 점괘를 뽑아서 길일을 택하는 등의 미신 행위를 했는데, 이러한 행위에 대해 태종이 이정에게 질문하였다. 이에 대해 이정은 병사는 궤도(詭道)여서 이것이 미신이긴 하지만 천관을 시켜서 민심을 수습하는 방도로 또는 주장과 장수들이 군사를 쓰는 데 신중을 기하는 방편으로 쓴다고 했다. 그러면서 이정은 근자에 이르러 술수가들을 이용하여 민심을 수습하는 방도로 쓰는 요지를 망각하고, 장수들이 오히려 그 술수에 빠져들었다고 지적했다.

이것은 이정의 명석한 해석에서 나온 투철한 답변이다. 원래 전쟁이란 사람을 응징하여 굴복시키는 불상지기이므로 요행이나 우연이 있을 수 없다. 즉 적군과 대진했을 때 상대방의 병진에 이편의 병세를 가하여 격멸하지 못하면 이편이 격멸당하는 것이 전쟁논리이다. 또 사람을 살상하는 것이 전쟁의 본질인데 어찌 기적이나 요행을 바랄 수 있으랴. 이러한 현실에서 장수가 요행이나 기적을 바라는 군중심리를 조장한다면, 그 군사들은 장수의 명령보다는 오히려 미신을 믿고 행동에 분열을 일으킬 것이다. 그렇게 되면 장수에게 아무리 좋은 지략이 있더라도 그 지략을 쓸 수 없고 결국은 장수의 군령도 군중의 군중심리에 말려들어 그 위력을 발휘하지 못할 것이다. 그래서 군진에서는 무당의 축원이나 미신을 섬기는 어떠한 행동도 금한다.

태종은 이정에게 여러 장수들이 음양의 길흉에 구애되어 군사운용의 기회를 놓치는 일이 없도록 잘 가르칠 것을 당부하였다.

그러나 이정의 말에 따르면 옛 위정자들은 군진에서 금하는 미신을 국내정치의 수습은 물론 적국의 민심이나 군중을 혼란시키는 방법으로 이용했음을 알 수 있다.

대체로 옛 병제를 보면, 군진에서 무축(巫祝) 등을 엄금하면서도 장수 밑에는 복술가를 군사(軍師)로 둔 일이 있었는데, 이것은 복술의 술수가 하나의 전략으로 사용되었음을 입증하는 좋은 증거로 해석된다.

이러한 일들은 근래에도 활용되며, 첩보활동이나 적국의 민심을 교란하는 수단으로, 또는 통치가들이 하나의 정략(政略)적 방편으로 이용하는 수도 있다.

3. 미군(縻軍)과 고려(孤旅)

태종이 이정에게 물었다.

"군사를 집결하고 분산하는 것을 적기에 잘하는 것이 중요하다고 생각되오. 앞의 역사적 사실 가운데서 누가 이것을 잘 했소?"

이정이 대답했다.

"부견(符堅)은 백만의 대군을 총지휘했으나 비수에서 패했습니다. 이것은 군사를 나누고 합하는 것에 능숙하지 못하였기 때문입니다. 오한(吳漢)이 공손술(公孫述)을 칠 때 그 부장 유상과 함께 군사를 나누어서 서로 20리 거리에 주둔하였습니다. 이윽고 공손술이 오한을 공격해 오자, 유상이 군사를 이끌고 나아가 오한과 함께 공격해서 공손술을 크게 격파했습니다. 이것은 군사를 합하고 분산시키는 것에 능숙했기 때문입니다. 태공망이 이르기를 분산시켜야 할 때에 분산하지 못한 것을 미군(縻軍)이라 했고, 군사를 집합시킬 때에 집합시키지 못한 것을 고려(孤旅)라 했습니다."

태종이 말했다.

"과연 그러하오. 부견은 병사를 잘 아는 왕맹(王猛)을 얻고서 드디어 중원을 취할 수 있었지만, 왕맹이 죽자 부견은 역시 패하고 말았는데, 이것이 미군이오. 오한은 광무제의 신임 아래 군사들의 운용에 제약을 받지 않고 동요 없이 촉나라를 평정했으니, 이것이 고려(孤旅)의 함정에 빠지지 않은 것이오. 천하를 얻고 잃는 그 역사의 발자취는 만대까지도 귀감이 될 것이오."

❖ 해설

본 절에서 군사는 훈련이 숙달되어 장수의 호령 하나로 자유자재로 분산하고 또 집합할 수 있어야 함을 강조하였다. 물론 장수로서 군사를 훈련시키지 않을 자가 어디 있겠으며, 아무리 오합지졸이더라도 모이고 흩어짐을 모를 자가 어디 있으랴. 그것은 병사의 초보적인 상식인데, 태종과 이정이 이 초보적인 것을 논하면서 그것을 만대의 거울로 삼아야 한다고 했을 리가 없다. 요지는 분합의 절도가 능숙한 용병술과 능숙하지 못한 병세를 비교하여 되짚어 본 것이다.

예로 든 전진의 부견과 동진의 사안이 맞붙은 비수에서의 싸움에서 부견의 군대는 보병과 기마병을 합하여 800,000명이 넘고, 동진의 사안군은 불과 80,000명으로서 겨우 10분의 1의 군사가 비수강변에 집결하여 대치하는 상황이었다.

그러나 부견의 부장과 군사들은 한족(漢族)과 호족(胡族)으로 혼성 편성되어 있었고, 그때 부견의 군대에는 명장 왕맹이 죽은 후 오직 연나라의 모용수가 고구려를 침략하려다 광개토대왕의 공격을 받고 패멸하여 중원을 장악한 부견에게 의탁하여 모사로 있었다. 이에 반해 동진의 사안 군대는 오로지 한족으로만 편성된 애국충정이 넘치는 정병들이었고, 권신 환온이 죽은 뒤 사안이 모든 정권과 병권까지를 장악한 상태였다.

이 싸움에서 결정적 역할을 한 양양(襄陽)의 수장 주서는 한족으로서 부견군의 선봉장이 되어 회수의 지류인 비수강의 사이에 있었는데, 사안군은 그의 동생 사석과 사현, 그리고 부장 유뢰지(일명 유상)가 비수강 팔공산 일대에 진을 치고 부견의 군대와 마주했다.

그때 주서는 동진의 선봉장 유뢰지와 내통하여 묶여 있는 부견의 미군(縻軍)에 혼란을 획책하였다. 선봉장인 주서가 야음을 타서 아군(부견의 군대)이 참패했다면서 후퇴하니 동진군의 선봉장 유뢰지에게 공격로를 열어주는 형국이 되었다. 이렇게 되자 전세는 순간적으로 돌변하여 부견군은 저마다 다투어 후퇴하기에 급급하였다. 이때를 놓치지 않고 동진군의 선봉대가 조수와 같이 비수강을 건너서 부견의 군대를 몰아치니 부견군은 대패하고 말았다.

중원과 그 일대를 장악하여 천하를 통일하려던 부견의 야망은 이 한판 싸움으로 분쇄되었고, 그도 요장에게 죽임을 당하여 역사상 부견을 선진왕이라 하고 요장을 진왕이라 한다.

4. 오판은 패인

태종이 이정에게 말했다.

"짐이 수많은 병서의 글을 보았지만, '나는 나아가지 않고 여러 방진으로 적을 그르치게 한다'는 구절 하나로 집약된다고 생각하오."

이정이 오래 생각하고서 말했다.

"진실로 폐하의 말씀대로입니다. 대체로 용병을 함에 만약 적이 잘못하지 않으면 우리 군사가 어찌 능히 이길 수 있겠습니까? 이것을 바둑에 비유하면, 양쪽의 실력이 비등할 때 어쩌다 한 수를 실수하면 끝내 그 판을 구할 수 없게 되는 것과 같습니다. 고금의 이기고 지는 것이 이처럼 하나의 자기 잘못에서 연유합니다. 하물며 실수가 많을 때는 더 말할 나위가 없습니다."

❖ 해설

본 절은 적을 그르치게 하여 승리를 꾀하는 전술에 관한 문답이다.

이정은 태종이 '불출호 다방이오지(不出乎 多方而誤之)'를 주장한 많은 병서들의 내용이 다 같다는 질문 받고 바둑의 수에 비교하여 설명했다.

실력이 비등한 양쪽이 바둑을 둘 때 처음에는 그 형세가 엇비슷하지만, 어느 한편에서 한 수를 잘못 두면 이것이 끝내는 수습을 할 수 없는 경지에 이르러 결국은 패하게 되듯이 고금의 승패가 모두 작은 하나의 실수가 패인이 된다고 지적했다.

이런 말은 병사에만 해당되는 것이 아니고, 세상을 살아가는 우리 인간사에도 많은 교훈이 되는 금언이다.

전술의 한 예로서 적과 대진하여 피아간의 형세를 비교한 결과 싸워서 승리할 수 없으면 일부러 패한 체하여 달아나는데 그것은 적군이 추격케 하여 그 완전무결한 형세를 흐트러지게 함으로써 적세의 흐트러진 허점을 노려 기습하기 위한 전술이다. 말하자면 아방은 달아나고 적군은 추격함으로써 피아가 모두 피로해졌을 때 어떤 은밀한 장소에 복병을 두었다가 기습을 감행한다. 이때의 복병은 피로하지 않은 군사이고 추격해온 적군은 숨이 턱에 차고 피로한 때이니 어떻게 그 복병을 당할 수 있으랴. 이렇게 되면 아방은 승기(勝氣)를 잡고, 적군은 순간적인 실수로 결국 병마를 잃고 도망하지 않을 수 없게 된다.

형세가 이에 이르면 적군은 겁을 먹고 이편의 허약한 것을 보고서도 좀처럼 공격해오지 못할 것이고, 이편에서는 대담하게 방진을 변화시키면서 적군을 공격하여 객이 주가 된다.

이와 같이 전쟁의 승패는 오직 사소한 실수가 빌미가 되어 기선을 제압하지 못하고 오히려 자신도 모르는 사이에 적군 앞에 무릎을 꿇는 결과를 불러온다. 그러므로 사소한 실수라도 하지 않도록 유의해야 함을 주장한 구절이다.

5. 공격과 방어

태종이 물었다.

"공격이나 수비는 두 가지 방편이나 실제로는 하나의 법으로 볼 수 있지 않소? 손자는 말하기를 공격을 잘 하는 자는 적이 어떤 곳을 수비해야 할지를 잘 모르게 하고, 수비를 잘 하는 자는 적이 어느 곳을 공격해야 할지를 모르게 한다고 했소. 이것은 적이 말없이 내습하여 나를 공격하는 때문이며, 나 역시 그러한 방법으로 공격하기 때문이오. 만약 아군도 스스로를 수비하고, 적군도 역시 수비를 할 때 양쪽이 다 같이 한편이 공격하면 수비하고 또 다른 편이 공격하면 수비할 것이오. 이런 때의 전술은 어떻게 써야 하는가?"

이정이 대답하였다.

"지나간 시대에도 이와 같이 공격하면 방어하고, 또 이쪽에서 공격하면 수비하는 것 같은 일이 많았습니다. 모두들 말하기를 모자라면 수비하고, 남음이 있으면 공격한다고 했는데, 그 약하다 함은 편의상 부족이라 한 것이며, 강하다 함은 남음이 있다는 것이지 덮어놓고 공격과 수비하는 법이 그렇다는 것은 아마도 병법을 깨닫지 못함입니다.

신이 상고해 보건대 손자가 이르기를 이기지 못할 때는 수비하고, 이길 수 있으면 공격하라 했습니다. 이 말은 아직 적에 이길 승산이 없으면 아군도 또한 스스로 방비하고 적군에게 이길 수 있을 때가지 기다려 보다가 이길 수 있을 때 공격을 하라는 말입니다. 후세의 사람들이 그 뜻을 올바르게 깨치지 못하여 즉 공격하면 수비하고, 수비하면 공격하는 것으로 알고 있습니다. 그러나 공격이나 방어가 그 역할이 모두 다르기 때문에 공수를 하나로 묶어놓고 생각할 수는 없습니다."

태종이 말했다.

"믿을 만한 말이오. 남음이 있고 부족이 있다는 것에 후세 사람들이 현혹되어 강약으로 병사를 쓴 것은 잘 깨닫지 못한 때문일 것이오. 수비하는 방법으로는 적에게 아군이 부족함이 없는 듯이 드러내 보이는 것이고, 공격하는 방법으로는 적에게 아군의 병력이 남아도는 것처럼 하는 것이오. 아군이 부족한 듯이 적군에 드러내면, 반드시 적군은 공격해 올 것이오. 이것은 적으로 하여금 공격할 곳을 모르게 하는 것이오. 적에게 이쪽의 여유가 많은 것처럼 보이면 적은 반드시 스스로를 수비할 것이 아니겠소. 이것은 적으로 하여금 수비할 곳을 모르게 하는 것이오.

공격과 수비는 원래 하나의 법인데 적과 내가 둘로 나누어

질 뿐이오. 만일 아군의 공략이 성공하면 즉 적군이 패하고, 적군이 성공하면 아군이 패전하는 것이 아니겠소. 얻는 것과 잃는 것, 성공과 실패는 나와 적을 둘로 나눌 뿐이며 공격과 수비는 오직 하나일 뿐이오. 즉 공격과 방어가 일치하여 하나가 되면, 백전백승하는 것이 아니겠소. 그래서 말하기를 나를 알고 적을 알면 백 번을 싸워도 위태로울 것이 없다고 했소. 그것은 하나를 안다는 것을 일컬음이오."

이정이 재배하고 말했다.

"실로 심오합니다. 폐하의 말씀은 성현들의 법도입니다. 수비하는 것은 공격할 기회를 찾기 위함이요, 또 공격을 하는 것은 수비를 위한 책략입니다. 말하자면 나의 승리를 위해 하나로 돌아감이 아니겠습니까? 만약 공격을 모르고 수비를 하거나, 수비를 모르고 공격하는 따위는 공격과 수비 두 가지를 모두 모르는 것입니다. 대체로 공격과 수비 두 가지를 맡아 보는 장수들이 입으로만 손자와 오자의 병법을 외우면서 마음으로 그 오묘한 이치를 생각하지 못한다면 공격과 수비가 모두 같다는 이치를 어찌 능히 안다고 할 수 있겠습니까?"

❖ 해설

태종이 손자의 병서에 용병을 잘 하는 장수는 공격할 때나 수비할 때 적이 모르는 순간에 한다는 구절에 대해 이정과 나눈 문답이다.

이정은 손자와 오자의 병서에 있는 공격과 수비에 대한 것을 잘 깨닫지 못한 채 적이 공격하면 수비하고, 적이 수비하면 공격한다는 것을 하나의 상례적인 행사처럼 생각하지만, 공격과 수비는 전투에 이기기 위한 것으로 실리를 얻기 위한 하나의 방술이라고 했다.

후세 사람들은 군사가 적보다 부족하면 으레 수비를 하고, 강대하고 남음이 있으면 공격하는 방식으로 생각하여 공격을 하면 강하고 수비를 하는 것은 약세인 것으로만 생각하는 잘못된 인식을 지적하고 통박하였다.

사실상 전쟁의 수단이란 각양각색의 형태로 나타나지만, 결국 이것을 총괄적으로 따져보면 공격과 수비 두 가지 수단으로 구분된다. 물론 한 나라를 영위하고 혹은 치열한 생존 경쟁을 하는 데에 자신의 방어는 가장 중요한 일이다. 나라나 개인이나 자기방어 수단이 있다는 것 자체가 적으로부터 공격을 받을 위험이 있음을 의미한다. 그러므로 전쟁이 있든 없든 수비는 공격보다 더욱 필요하다. 더구나 국가와 국가 사이에 평화, 친선을 버리고 전쟁이 발발하여 출병을 한다면 서로의 군사가 전쟁의 수단으로 승패를 가리게 되는데, 오직 승리만이 상대방을 굴복시키는 방법이다.

그러므로 공격이나 수비가 승리를 위한 하나의 수단으로 볼 수도 있고, 한편으로는 그와는 반대되는 현상으로 해석할 수도 있다. 즉 수비는 어느 때 어떤 적이 공격해도 위험부담을 느끼지 않고 충분히 방어하는 수단이므로 오히려 공격 못지않게 중요하다. 이처럼 수비를 위해 병력과 군량 및 화력을 비축하는 것은 적을 이기는 수단이기도 하고, 적이 공격해오지 못하게 하는 위협적인 수단이기도 하다. 옛날에도 장수의 용병술, 기교, 음양, 재정 등을 추산하여 전쟁을 하기 이전에 어느 정도 승패를 판단할 수 있었다. 더욱이 현대전에서는 전쟁을 관리하고 모든 재료를 바탕으로 통계를 내고, 이를 과학적으로 분석하는 방법이 발달되어 전쟁의 결과를 미리 쉽게 점칠 수 있다. 이러한 현실에서 어떤 나라는 어느 정도의 무기를 가졌으니 싸울 필요가 없다는 결론이 내려진다. 그래서 강력한 무기로 자기 나라를 수비한다는 개념은 오히려 공격하는 것보다 더욱 중요한 역할을 한다.

이러한 개념은 수비란 자신이 미약해서 적을 공격할 수 없을 때 하는 것이라고 생각하던 고대와는 다르다.

강력한 수비가 전쟁을 유발하지 않는 시대로 변했으며, 오히려 이것이 도발적인 전쟁광들을 제지하는 결과가 되어 평화와 친선을 도모하는 수단이 되었다.

여기에서 태종이 공수를 하나로 본 것을 전술 면에서 검토하기보다는 사상 면에서 살펴보자. 원래 당나라 초기인 태종의 치세에는 천하를 정복하려는 사상이 팽배하였다. 즉 태종은 전쟁보다 더 상스럽지 못하고 흉악한 것은 없다고 말하면서도 정권을 탈취하기 위하여 흉기인 병사로 혈육을 공격했고, 왕위에 오른 후에는 북적, 돌궐, 고구려, 백제, 신라 등을 평정하기 위해서 군사를 일으켰다. 그들 나라 가운데서 어느 나라도 당나라를 먼저 침입하여 전쟁을 일으킨 나라는 없었다.

이와 같이 침략을 위주로 생각하는 군왕에게는 오직 승리만이 필요한데, 결국 공격과 수비는 승리의 수단일 수밖에 없다.

6. 정략과 군략

태종이 물었다.

"사마법에서 말하기를 나라가 크다 할지라도 전쟁을 좋아하면 반드시 망하고, 천하가 태평하다고 전쟁을 잊어버리면 반드시 위태로워진다 했소. 이것도 역시 공격과 수비가 하나라는 것과 일치되는 말이오?"

이정이 대답했다.

"나라가 있고, 집을 가진 자가 어찌 공격과 방비를 강구하지 않겠습니까? 무릇 공격을 함에는 진지나 성곽을 공격하는 데 그치지 않고, 반드시 사람들의 마음을 혼란하게 하는 전술도 있어야 합니다. 방비를 함에는 진지나 성곽을 지키는 데 그치지 않고 반드시 사람의 기세를 잃지 않고 유지하면서 공격의 기회를 기다려야 합니다. 이것은 크게는 임금이 해야 할 도리이고, 작게는 장수의 법도입니다. 손자는 그 마음을 공격하여 적이 민심을 잃었는가를 아는 것을 일컬어 지피(知彼)라고 했으며, 마음을 지켜 기세를 잃지 않는 것을 일컬어 지기(知己)라고 했습니다."

태종이 말했다.

"옳은 말이오. 짐은 진지에 이르러 먼저 적군과 아군의 마음을 잘 살핀 연후에야 가히 적을 얻을 수 있을지를 알 수 있었소. 또 적군과 아군의 잘 다스려지는지 병중의 사기가 왕성한지 등을 살핀 다음에야 내가 가히 적을 얻을 수 있을지를 알 수 있었소. 이것이 바로 지피지기(知彼知己)로서 병가에서 중요시하는 요체일 것이오. 오늘날 장수와 신하들이 적의 형세는 알지 못할지라도, 진실하게 자기를 알고 있다면 능히 좋은 기회를 놓치지는 않을 것이오."

이정이 이에 대답하였다.

"손무가 일컫기를 먼저 적에 이길 수 없다는 것은 자신을 아는 자입니다. 적에게 이길 수 있을 때까지 기다린다는 것은 적을 아는 자입니다. 또 이르기를 적이 나를 이기지 못하게 하는 것은 오직 내게 있으며, 내가 적을 이기는 것은 적에 달려 있다고 했습니다. 신은 잠시도 이 교훈을 잊은 적이 없습니다."

❖ 해설

본 절은 공격과 수비의 군략적인 면에 대한 대화이다. 즉 나라가 강대하다고 싸움을 좋아하여 전쟁을 계속하면 결국 그 나라는 반드시 멸망한다고 했다. 그와는 반대로 천하가 태평성세가 계속되더라도 주권자가 전쟁을 망각하고 군비를 소홀히 하면 그 나라는 위태로울 것이라고 했다. 이것은 유비무환을 강조하는 것으로 주권자가 군권을 어떻게 운영할지의 군략이지 전선에서 싸우는 데 필요한 물자의 수송과 같은 지엽적인 수단을 논한 것이 아니다. 그러나 이정은 이 질문에 대하여 자기 신분에 넘치는 말은 하지를 않고, 오직 전술 면에서 적을 도모하는 방안만을 설명했다.

병가들이 통치에 관한 말을 하지 않은 것만은 아니다. 그 예를 들면 태공망의 『육도』의 「문도(文韜)」와 「무도(武韜)」에는 군략(軍略)이라는 이름을 빌려 통치를 잘하는 것은 강병을 만드는 기본이라 했고, 오자나 사마양조 등도 전쟁을 안 하고 이기는 방술을 설명하였는데 역시 「군략편」에서 언급했다.

이정도 공격이나 수비를 크게 말하면 위군지도(爲君之道)라 하여 군왕이 통치를 하는 대도라고 했다. 군왕의 도란 정략(政略)적이라 했으며, 그것을 작게는 장수의 도라 하여 손자의 용병술을 인용하여 공방(攻防)에 대한 설명을 했다.

태종은 황제이고, 자신은 한 사람의 장수일 뿐이므로 자신의 생각을 병사에 국한시켜 답변하였는데 참으로 명석한 처세술이다.

더욱이 이정은 한신의 병술을 배워 많은 전장에서 이를 인용하여 승리했지만, 한신의 말로를 잘 아는지라 한신의 처세에 대하여는 언급을 하지 않았다. 그러면서 이정은 심리전에서 마음을 공격하는 술법만을 설명했다.

7. 삼군의 사기

태종이 말했다.

"손자가 말하기를 삼군의 사기를 가히 뺏을 방법으로 아침에는 군사들의 사기가 예리하고, 낮에는 사기가 태만해지며, 저녁에는 피로하여 막사로 돌아가기만을 바란다고 했소. 그러므로 용병을 잘하는 자는 아침의 예리한 사기를 피하고, 태만했을 때나 혹은 막사로 돌아가려 할 때 공격한다고 했는데, 그 방법은 어떻소?"

이정이 대답했다.

"무릇 천성으로 혈기 있는 생명은 사기를 북돋워 주면 죽음을 무릅쓰고 싸우는데 그것은 혈기 때문입니다. 그러므로 병사에는 먼저 아군 병중의 사기를 살피고 적을 이길 혈기를 돋움으로써만이 적군을 가히 격멸할 수 있습니다.

오기가 4기(機) 중에서 기(氣)를 으뜸으로 한 것은 다른 것이 아닙니다. 군사를 운용할 때 군사 개개인이 자발적으로 싸우려는 투쟁심이 생긴다면 그 충만한 사기는 누구도 감당하지 못할 것입니다. 그런데 그 예리한 사기가 이른바 아침이니 저녁이니

하여 시각적으로 제한하는 것은 아닙니다. 다만 아침은 하루의 시초이고 저녁은 하루해의 종말인 것을 비유로 들어 근본을 말한 것일 뿐입니다.

무릇 세 번이나 북을 쳐서 싸웠는데도 적의 사기가 떨어지지 않는다면 어찌 낮에는 태만하다 할 것이며 저녁이라고 해서 피로해져서 막사로 돌아가려한다고 예단할 수 있겠습니까? 대개 군사학을 배우는 자들은 공염불처럼 암송만 할 뿐입니다. 그 까닭에 적의 꾀에 빠지는데, 진실로 병법을 깨닫고 적의 사기를 뺏는 이치를 안다면 군사를 맡길 수 있습니다."

❖ 해설

본 절은 삼군의 사기에 대하여 태종과 이정과 나눈 대화이다. 태종은 손자의 병서를 인용하여 아침에는 군사들의 사기가 모두 예리하고 정오가 지나서 하오가 되면 예리했던 사기는 사라지고 태만해지다가 저녁 무렵에 이르면 피로하여 속히 막사로 돌아가기만을 기다린다고 했다. 이러한 기준은 음양학에서 유래한 것이 아니요, 일상생활이나 또는 군사들을 집단 훈련하는 과정에서 실제로 체험해 얻은 것을 기초로 한 것으로 본다.

이에 대하여 이정은 그것은 하루의 일과를 기준으로 시초와 종말에 대한 것을 말했을 따름이라고 했다.

낮에는 태만하고 밤에는 피로하여 막사로 돌아가기를 바란다고 하지만 병사를 잘 아는 장수는 그러한 심리를 역이용하여 적을 속이는 계략을 세울 수 있다고 했다. 실제로 적군이 태만하고 피로했으리라 믿고 군사를 이끌고 공격했는데 의외로 적군의 사기가 왕성했을 때가 많다고 하였다. 그러므로 병세는 그때의 형세를 잘 관망하고 살펴야 한다고 했다.

물론 군사를 훈련하는 과정에서는 시각을 기준으로 해서 사기가 왕성하기도 하고 태만 혹은 피로하게 될 것은 당연하나, 이런 경우를 잘 알고 그러한 형세에 맞추어 병사를 쓸 수 있다면 그 장수는 우수한 지휘관이다. 그렇기 때문에 손자나 오자의 병서에 구애되지 않고 적군의 충천한 사기를 능히 꺾을 능력을 가져야만 삼군을 통솔하고 적의 대군을 맞아 싸울 수 있을 것이다.

8. 인사관리

태종이 이정에게 인사관리에 대한 질문을 했다.

"경이 전날 이적은 병법이 능숙하다고 했는데, 그를 오래 요직에 쓰는 것이 좋겠소? 아니오? 그러나 그는 짐이 제어하지 않는다면 가히 쓸 수 없을 것 같은데, 훗날 태자가 그를 쓰려면 어떻게 해야 하겠소?"

이정이 대답하였다.

"신이 폐하께 변변치 않은 계략을 말씀을 드린다면 이적을 잠시 물리쳤다가 훗날 태자께서 명령을 내려서 다시 기용하시면 반드시 태자의 은혜에 감격하여 보답코자 할 것입니다. 그러는 것이 이치상으로 생각해도 어긋남이 없습니다."

태종이 말했다.

"그것이 참 좋겠소. 짐은 경의 말을 추호도 의심치 않소. 만약 훗날 이적과 장손무기(長孫無忌)에게 함께 국정을 맡기는 일은 어떻겠소?"

이정이 대답했다.

"이적의 충성스러움은 신이 보장하는 바입니다. 무기는 창업에 대공이 있고 또 폐하의 근친이기에 보상(輔相)의 중심을 맡겼던 것으로 신은 알고 있습니다. 그러나 그는 겉으로는 손아래 신하에게 친절한 듯하지만, 내심으로는 현신을 질투하는 까닭에 울지경덕은 그의 단점을 면전에서 지적하다가 오히려 물러났습니다. 또 후군집은 그가 지난날의 인연을 잊은 것에 원한을 품고 반역하였습니다. 이 모두가 무기의 잘못된 탓으로 그렇게 되었습니다. 폐하께서 신에게 자문하시는 바라 신은 감히 피할 수 없어 거리낌 없이 말씀드렸습니다."

태종이 말했다.

"이 말을 입 밖에 내지 마오. 짐이 천천히 생각하여 그 처리를 하겠소."

❖ 해설

본 절은 태종이 삼군을 통솔할 인사 문제를 공신 이정에게 하문한 구절이다.

원래 어린 군왕이 천하의 어진 재목이 될 현신을 초빙하기 위하여 불원천리하여 찾는 얘기는 중국 역사상에서 흔히 보인다. 즉 주나라의 문왕은 비수강에서 고기를 낚고 있던 태공이 어질고 지모 있다 하여 친히 찾았다. 또 유비는 공명이 천하의 인재라는 말을 듣고 세 번이나 남양 초당으로 그를 찾아서 '삼고초려'라는 유명한 고사를 남겼다. 군왕의 입장에서 볼 때 태공망이나 공명은 아직 미지수의 존재였다. 그래도 태공이나 공명이 착하고 슬기롭게 충성을 할 것인지 확신이 없었지만 군왕은 내일을 계산하지 않고 찾았다.

그러나 이적은 이와는 전혀 다른 경우였다. 그 위인이야 어떠하든 이적은 고조 이래 태종대까지 2대에 걸쳐 충성을 다했으며, 많은 공을 세운 인물이다. 이러한 충신을 기용해 쓰는데 군왕이 대장인 이정의 자문을 받는 것은 당연한 처사일 것이다. 그런데 태종은 훗날 다음 군왕에게 충성을 다짐할 요량으로 충절이 두터운 이적을 좌천하여 첩주의 도독으로 임명했다. 일설에 의하면 이적이 좌천에 불만을 품으면 앞날에 반역할 위험성이 있으니 처형하려 했다는 설도 있는데, 이적은 이때부터 고구려 침략의 계략을 준비하였다고도 한다.

그 연유야 어떻든 태종의 이러한 인사관리 처사는 하책(下策)이다. 고금을 막론하고 인사문제는 중요한 시책의 하나로서 한 국가의 흥망성쇠가 곧 여기에 달려 있다고 해도 지나침이 없을 것이다. 그래서 고대의 인사관리는 통치자의 덕망 있는 지혜에 유래하는 것으로서 이것을 경영의 중요한 부문으로 생각해왔다. 실제로 『시경』과 『서경』 등에서 보면 어진 군왕이 어진 신하를 산간계곡의 암굴 등에까지 찾아가서 치세의 도가 높은 인재를 기용하는 과정을 시나 글로써 찬양하였다. 이것을 시서의 효과라 하여 경(經) 자를 붙여서 『시경』, 『서경』이라 했다. 이것은 통치의 경영을 말하는 것이며, 현대의 경영 또는 관리 역시 그 범주를 벗어나지 않는다.

중국의 정치제도를 살펴보면, 한나라 초기 이후 군인은 3공직에 참여시키지 않고 개부(開府)에는 문반만 썼다. 그러다가 수나라에 이르러서 동방 공략에 중점을 둔 까닭에 3공직에 해당하는 삼성(三省)에 무인이 참여하였다. 삼성에는 상서·중서·하서가 있으며 그 밑에서 막대한 예산을 편성해서 천하에서 유능한 인재를 많이 기용하여 군사를 수행하는 대내(對內)의 문벌책에 기용하였다. 그 예를 들면 이정이 돌궐을 칠 때 당검이란 인물을 돌궐 왕에게 사신의 명칭으로 보내 놓고 돌궐 왕을 기습했다는 사실과 함께 이현장을 고구려에 친선사절로 보냈던 기록 등이 있다. 또 임진왜란 당시에 심유경을 황제의 사신이란 명칭을 붙여서 조선에 보내 불미스러운 외교를 하여 우리 조야의 비난은 물론 같은 중국의 장수인 이여송과 불화까지 일어난 사실이 있었다. 그 시초는 당나라가 수나라의 개부제도(開府制度)를 채택하고 나서부터이고 강력한 군국의 요책(軍國之要策)을 쓴 이후의 풍조이다.

고대 군왕의 전제 통치체제에서 병부가 3공직에 해당한다 해도 사신은 예부에 속하고 군왕만이 보낼 수 있는 일국의 사신을 어떻게 병부에서 임명할 수 있으랴. 만일 병부상서가 임

의로 임명했다면 그것은 곧 사신이 아닌 공작원에 지나지 않는다.

그러므로 태종과 이정이 인사문제에 관한 문답에서 그 신하를 기용하는 데에도 앞에서 말한 계략이 개재될 수도 있었다고 본다.

9. 이적(李勣)

❖ 해설

이적은 지금의 산동성 조주(曹州) 이호(離狐) 출신으로 수나라 말엽에 활주(滑州) 위남(衛南) 지방에서 살았으며, 성은 서(徐) 이름은 세적(世勣)이라 했다.

젊은 시절 그는 한때 도적의 무리를 따라서 세월을 보냈다. 그러다가 그는 수나라 말엽에 당고조인 이연이 태원 태수 시절 천하의 협객과 호걸 등을 모을 때 식객 가운데서 발탁된 인물이다.

그 후 이적은 고조와 태종 2대에 걸쳐 돌궐에 출정했으며, 또 태종의 창업 때는 많은 공을 세워서 태종으로부터 이(李)씨의 성을 하사받고 서 씨에서 이 씨가 되었는데, 이름은 당 태종의 이름이 세민(世民)이어서 피휘하여 세적의 '세'자를 빼고 적(勣)으로 바꾸었다.

그는 이정의 돌궐 원정 때 비장으로 출정하여 이정의 전술을 습득했으며, 태종이 고구려를 친정할 때는 요동도 행군총관이 되었고, 태종이 죽고 고종이 즉위한 뒤에는 당나라의 병권을 장악했다. 그로부터 이적은 고구려 침략에 몰두하였는데 그는 "내 나이 80살이 되면 9백 년 된 고구려를 기어코 평정하겠다"고 호언장담했다고 한다.

결과적으로 당나라가 고구려 · 백제를 칠 계략을 세운 것은 태종과 이정이었지만, 그 계략을 실천에 옮겨 실행한 것은 고종 대의 이적이다.

10. 능장장도(能將將道)

태종이 물었다.

"한나라의 고조는 장수의 장수였다고 하오. 그런데 한신과 팽월은 베어 죽였고, 소하는 하옥했소. 이것은 어찌 된 까닭이오?"

이정이 대답했다.

"신이 유방과 항우를 살펴보건대, 모두 장수의 장수가 될 명군이 아닙니다. 장량은 본시 한(韓)나라의 사람으로서 진나라를 망하게 하여 그 원수를 갚고자 함이었습니다. 진평과 한신은 모두 초나라에 기용되지 못한 것을 원망하다가 한(漢)나라의 세력에 의지하여 스스로 분발하였으며, 소하, 조참, 번쾌, 관영 등도 모두 망명해 와서 이로 인하여 고조는 천하를 얻었습니다. 만일 여섯 나라가 후에 다시 세워졌다면 그들은 각기 자신의 고국만을 생각하였을 것입니다. 그러므로 고조가 능히 장수의 장수가 될 재능이 있더라도 이들을 한나라를 위해서 쓸 수 있었겠습니까? 신이 말씀드린다면 한나라가 천하를 얻은 것은 장량의 뛰어난 모계를 빌렸기 때문이며, 소하가 배와 수레를 잘 이용하여 수송을 한 공입니다. 이런 것을 볼 때 한신과 팽월이 베임을 당하여 죽은 것이나, 범증이 항우에게 쓰이지 못한 것이 모두 같은 일입니다. 그래서 신은 한 고조와 항우 모두 장수의 장수가 될 군왕감은 못 된다고 봅니다."

태종이 말하였다.

"광무제는 한나라를 중흥하고 모든 공신을 보전하면서도 그 공신들에게 중요한 나랏일은 맡기지 않았는데 그것이 장수를 잘 쓸 줄 아는 장수의 처사이오?"

이정이 대답했다.

"광무제는 비록 조상의 유업을 빙자하여 쉽게 성공했으리라 생각되지만, 당시 왕망의 형세는 항우에 못지않았으며, 광무제의 신하인 등우와 구순은 소하나 조참보다 뛰어나지 못했습니다. 그러나 광무제는 자신이 성심으로 유화정책(柔和政策)을 잘 썼기 때문에 백성의 환심을 샀고 공신을 모두 보전하였으므로 어진 신하를 멀리 한 고조보다는 훨씬 뛰어났다고 할 수 있습니다. 이것을 가지고 장수의 장수가 되는 도를 체득한 군주를 논한다면 신은 감히 광무제라고 말씀드립니다."

❖ 해설

본 절은 장장지도(將將之道) 즉 군왕이 장수를 통솔할 자격과 지혜를 논한 것으로 높은 정략에 속한다.

장장지도란 옛날 한 고조가 항우를 구리산 전투에서 멸하고 나서 항우의 나라인 초를 빼앗아 한신에게 주었는데, 한신이 역모를 하려고 진희 등과 결탁하여 종이매(항우의 모사)를 진중에 두고 거사하려 한다는 참언에 따라서 한 고조는 직접 군사를 이끌고 가서 역모를 구실로 한신을 체포하고 사실 여부를 조사했지만 근거는 없었다. 더욱이 한신은 대공을 세운 인물이라 그대로 참형할 수 없으니 오직 초왕의 직위만을 삭탈했다.

이때에 한 고조와 한신 사이의 술자리 대화에서 한신이 능장장지도란 말을 하였다. 고조가 한신에게 자신은 어느 정도의 군사를 통솔할 수 있으며, 또 한신은 어느 정도의 군사를 통솔할 수 있는지를 물었다. 이 질문에 한신이 한 고조는 10만 명이면 족할 것이라 했고, 한신 자신은 다다익선이라고 답변했다. 이 당돌한 말에 고조는 몹시 불쾌했다. 일국의 병권이 모두 군왕인 자신에게 있는데 다다익선이란 말은 자신에게 해당되지 어찌 자기 밑의 장수에 지나지 않는 한신이 군사가 많으면 많을수록 좋다고 할 수 있느냐는 생각이 들었다. 거기에 더하여 자신에게는 겨우 10만 명 정도라 했으니 실로 불쾌하였다. 고조가 그 연유를 물었더니 폐하는 군사는 그렇게 많이 통솔할 필요가 없지만 장수를 잘 부리면 된다고 했다. 그렇게 하여 능장장지도란 말이 생겨났다.

군왕은 군사를 부리는 용병술이나 권모 등을 잘 몰라도 장수만 잘 제어하면 됨을 설명한 구절이다. 이러한 고사를 인용하여 태종이 그의 신하인 이정에게 장장지도를 물었고, 또 이정은 숨김없이 자신의 소신을 피력하였다.

세상에서는 항우가 포악하여 모사인 범증을 쓰지 못하여 망했다고 하지만, 한 고조가 공이 있는 한신과 팽월을 베어 죽이고 재상 소하를 투옥시킨 것 역시 조금도 다를 바 없으며, 이렇게 잔악한 방법으로 장군을 쓰는 것은 능히 장수를 쓰는 법도를 모르기 때문이라고 했다.

그런 반면에 광무제는 유독 성심으로 공신을 끝까지 보존한 것을 미루어 볼 때 능히 장수의 장수로서 찬양할 만하다고 했다. 물론 광무제는 한실의 직손이라 한나라 창업 때 한 고조가 잔인하게 공신을 참살하여 후인들로부터 많은 비난을 받고 세상이 혼란했던 것을 뼈저리게 느끼고 이를 반면교사로 삼았을 것이다. 그러나 진나라의 세력에 못지않은 왕망의 80여 만에 이르는 대군을 불과 얼마 안 되는 8만의 군사로써 쉽사리 제압한 것은 그가 장수를 능히 통솔할 덕망이 있었기 때문일 것이다. 더구나 광무제는 성공을 거둔 후 공신들이 자기의 신상에 해로울 것을 염려하여 그들에게 국사를 맡기지는 않으면서 국록을 주어 성심성의로써 공신을 보존하기에 힘썼다. 그런 까닭에 광무제는 유강(柔强)을 겸전한 장수의 장수로서 칭송받을 어진 임금이라 하겠다.

11. 출사의 장례(將禮)

태종이 다시 물었다.

"옛날에는 장수가 명을 받고 군사를 이끌고 출정하려면, 군왕은 사흘 동안 근신하며 목욕재계한 연후에 장수에게 도끼(鉞)를 전하면서 이르기를 '장군은 하늘의 뜻에 따라 군사를 재량껏 쓰라'고 했으며, 또 도끼(斧)를 전하며 이르기를 '지형의 형세에 따라 장군은 삼군을 마음껏 재량껏 쓰라'고 했으며, 또 군왕은 장수가 탄 수레바퀴를 밀며 이르기를 '나아가고 물러나는 것은 그때에 맞추어 할 것이며, 군중의 명령은 오직 장군의 명령대로 할 것이며 군왕의 명령이라도 듣지 말라'고 했소. 짐이 알기로 이런 예식이 오랫동안 폐지되어왔는데, 이제 경과 더불어 옛 법을 참작하여 장수를 보내는 예식을 정하려 하는데 어떻게 하면 좋겠소?"

이정이 대답했다.

"신이 옛 성인이 제정한 것을 상고해보니 재계하고 종묘에 제사를 올리는 것은, 소위 신의 위엄을 빌리고자 함입니다. 또 도끼를 전수하고 수레를 미는 것은 삼군을 통솔하는 큰 권한을 장수에게 맡기는 것입니다. 폐하께서는 지금 출사할 때마다 반드시 중신들과 같이 상론하시고 또 종묘에 고하신 연후에 장군들을 출정시키고 있습니다. 이것은 신령을 받드는 지극함입니다. 또 장수를 임명할 때마다 반드시 그들이 하는 일이 편리하도록 돌보시지 않습니까? 이것이 장수들의 권위를 존중하는 것입니다. 재계하여 부월을 전하고 수레를 미는 그 의식과 어찌 다르겠습니까? 폐하의 이러한 행사는 모두 옛 법도에 합치되고 그 뜻이 같습니다. 그러하니 참작하시어 제정하심이 좋을까 합니다."

태종은 만족한 미소를 짓고 말했다.

"좋은 말이오."

그리하여 측근의 신하에 명하여 종묘에 나아가 출정을 고하고 도끼를 내리는 이 두 가지 일을 기록하여 후세의 법도로 삼도록 했다.

❖ 해설

본 절은 군의 예식에 관한 문답이다.

태공망의 『육도 · 용도 · 입장(立將)』에 이르기를 장수가 출정할 때 주장은 화려한 궁전을 피하여 간소한 이궁(離宮)으로 옮기라고 했다. 이것은 전쟁이 발생하면 군인은 낯선 산하에 나아가서 적과 싸우며 풍한노숙을 하고, 또 만민은 병역과 전쟁 준비로 아우성인데 군왕만이 태평한 시절에 기거하던 호화로운 궁전에서 생활할 수는 없기 때문이다.

군왕은 간소한 이궁으로 옮기는 동시에 3일 동안을 목욕재계하며 정성을 들여서 종묘에 고했다. 이것은 미신이라기보다는 장병들의 무운장구를 비는 동시에 온 나라의 민심을 하나로 묶는 데 의의가 있다.

그 다음에는 제단을 높이 쌓고, 그 위에서 군왕이 출정하는 장수에게 부월(斧鉞)을 내리는 것이 옛날 법제의 상례이다. 군왕이 출정하는 장수에게 내리는 부월은 위엄을 돋우는 한편 출정하는 장수는 군왕의 재가가 없이도 삼군의 군사는 물론 작전에 지장을 주는 자는 직위 여하를 막론하고 처단할 수 있다는 생살여탈권의 징표이기도 했다. 적과 싸울 때는 진격하고 물러가는 것을 모두 장수의 마음대로 할 수 있고, 군왕도 작전의 지시는 할 수 없었다. 이만큼 장수의 권한은 컸다. 이것을 흔히 제어권이라 하는데 이러한 권한을 장수에게 부여한다는 뜻에서 군왕이 도끼를 전수하며, 또 장수가 탄 수레를 군왕이 친히 밀어주는 행사를 가졌다.

이와 같은 옛날의 법제에 대하여 태종이 이정에게 질문했을 때, 이정은 옛날의 법과 지금의 법을 비교해서 그 절차는 다르지만 근본정신은 조금도 다를 바 없다고 했다.

현대에는 군왕의 통치시대가 아니므로 종묘에 제사하고 고하는 절차는 없다. 그러나 출정 장병을 보내는 장엄한 의식에는 주권자의 무운장구를 기원하는 간곡한 마음이 깃들어 있고, 행사를 통하여 장수에게 권한을 부여하는 것은 옛날의 법과 그 절차는 다르지만 의미상의 차이가 있는 것은 아니다.

12. 음양과 정략

태종이 물었다.

"병사에 음양술수는 폐지하는 것이 좋지 않겠소?"

이정이 이에 대답했다.

"아닙니다. 병사란 근본이 속임수가 아닙니까? 음양술수를 이용하면 어리석은 자와 벼슬이나 재물을 탐하는 자를 부릴 수 있습니다. 이러하니 폐지해서는 안 됩니다."

태종이 다시 말했다.

"경은 일찍이 명장은 천관이 음양으로 날짜나 시각을 가려 주어도 그런 법식을 따르지 않으며, 어리석은 장수는 이에 구애된다 하였는데, 이것 역시 폐지하는 것이 좋지 않겠소?"

이정이 대답했다.

"주왕(紂王)은 갑자일에 망했으며, 무왕(武王)은 갑자일에 흥했습니다. 천관들의 음양술수로 갑자일은 하나입니다. 그러나 은나라는 혼란하였고 주나라는 잘 다스려졌습니다. 흥하고 망하는 것이 다를 뿐입니다.

또 송나라 무제는 망일(亡日)에 군사를 일으켰습니다. 장수들이 이를 말렸습니다. 그러나 무제는 이르기를 '내가 가면 망하는 것은 그들이다'라고 했습니다. 그는 과연 이겼으니 이러한 것으로 미루어 말한다면 폐지해야 할 것은 명백합니다.

그러나 제나라의 전단(田單)은 연나라의 대군이 포위하자 한 명의 군사를 억지로 가짜 군신으로 변장시키고는 그에게 절을 하며 받들었는데, 가짜 군신이 이르기를 '연나라를 가히 깨트릴 수 있다'고 하자 그의 말을 빌려 군사들의 사기와 적개심을 북돋우고는 불소(火牛)를 연나라 군진으로 몰아넣는 전술로 그들을 대파했습니다. 이것은 이른바 병가의 궤도(속임수)로서 천관이 음양으로 날짜를 택일하는 것 역시 이와 같습니다."

태종이 말했다.

"전단은 괴상한 신을 빙자하여 연나라를 격파했고, 태공망은 거북뼈와 댓가지를 불태워 버리고 주왕을 멸하였소. 이 둘의 한 일이 상반되는데 어찌된 것이오?"

이정이 이 물음에 대답하였다.

"그 기틀은 하나입니다. 혹은 거꾸로 취하기도 하였고, 혹은 순리대로 시행하기도 한 것이 이것입니다.

옛날에 태공망이 무왕을 도와서 목야에 이르자 소낙비를 만나서 깃발은 꺾어지고 북은 파손되었습니다. 이때에 산의생이 거북점을 쳐본 후 길하면 행군하자고 했습니다. 이것은 군중(軍中)의 두려움과 의아심을 점괘를 빌려 신에게 물어보려는 것이었습니다. 그러나 태공은 썩은 풀이나 마른 뼈 따위에게 물을 수 있겠는가 했으며, 또 신하인 우리 주나라가 군왕인 은나라의 주왕을 치려는데 어찌 다시 거병을 기약할 수 있겠는가 하고 결행했습니다. 그러나 그때의 형세를 보면 산의생이 먼저 기틀(機)을 발했고 태공망은 후에 기틀을 이루어 놓았는데, 거꾸로 한 것과 순리대로 한 것이 다르지만 그것을 이루어놓은 이치는 마찬가지입니다.

신이 앞서 말씀드린 음양술수를 폐지해서는 안 된다고 한 것은 승패의 기틀이 아직 분명하지 않을 때 음양 술수로써 사람의 마음을 움직일 수도 있기 때문입니다. 그러나 성공에 이르는 것은 사람이 지혜와 성실로 노력을 다하는 데 있습니다."

❖ 해설

본 절은 천관(天官)이 음양술로 날짜와 시각을 가려잡는 풍속에 대한 태종과 이정의 문답이다.

이정은 앞 절에서 근자에 장수들이 음양술에 빠지는 일이 많다고 하면서 경계할 것을 주문했는데, 역설적으로 음양술을 이용하면 뭇사람의 마음을 통솔하기가 쉽다고 했다.

똑같은 갑자일로서 망일이지만 이날에 주나라는 흥했고, 은나라의 주왕은 망했다. 이정은 이에 대해 평하기를 은나라는 정치가 혼란된 탓이요, 주나라는 정치가 안정되어 있었다는 그 때의 상황 즉 현실을 예로 들었다. 그것은 천관이 음양오행으로 풀이하는 일진의 길흉에 달린 것이 아니라, 오직 인간이 능력과 지혜를 다했는가에 달려 있다고 주장했다.

그렇다면 음양술이란 불필요한 존재라고 진언해야 이정이 그의 황제에게 대답하는 논리에 맞다. 그러나 이정은 병사라는 그 자체가 원래 불상스러운 존재요, 또 속임수가 많은 궤도여서 음양술의 폐지하지 못한다고 하였다.

어쨌든 그 궤도인 군사를 일으켜 전쟁을 하게 되면 피아간에 악전고투를 해서 많은 인명을 살상하고 또 재물이 파괴되는 것은 어쩔 수 없다. 전쟁의 요체는 그 시일이 오래 지속되지 않고 인명이 적게 상하고 또 재물도 적게 파괴되는 것이며, 그러한 고통이 짧을수록 인류를 위해서도 도움이 되는 방술이다. 더욱이 음양술로 군사나 백성의 심리적 기틀(機)을 장수의 마음가짐과 똑같이 만든다는 것은 아무리 용병술에 능한 명장이라도 그리 쉽지 않다.

물론 그 시대는 요즈음처럼 교육의 정도가 높지 못했고 종교적 신앙심이 깊지 못한 시대였으므로 사람들은 오직 자신의 의욕과 희망에 따라 미신이나 여러 형태의 신앙심으로 신을 믿던 시대였기에 자연히 음양술의 효과를 통치나 군사에서 배제할 수 없었다.

이정은 강태공이 주 무왕을 도와서 목야로 은나라의 주(紂)왕을 치기 위해 진격할 때의 전사(戰史)를 예로 들었다.

당시에 뜻하지 않은 소낙비와 천둥으로 주무왕의 깃발은 꺾어지고 북도 파손되었다. 이러한 기괴한 일에 부닥치자 전군은 모두 예감이 좋지 않았다. 이때에 군사(軍師)인 산의생이 음양술로 점을 쳐보고 길하면 진격하고 그렇지 않으면 다시 날짜를 잡아 출정하자고 제안하였다. 이정은 산의생의 점괘를 보자는 말이 마음의 기틀을 잡는 시발이라 했다. 그러나 병술에 대가인 태공망은 산의생의 제안을 받아들이지 않았다. 태공은 천관이 말한 갑자일에는 왕래하면 안 된다는 것을 알고도 무시하고 출군하다가 중도에 큰 소나기와 함께 천둥과 벼락을 만났으니 군사들의 마음은 공포와 피로에 지쳐 있었다. 태공망은 이렇듯 최악의 상황에서 기발한 방법이 아니고는 도저히 군사들의 마음을 심기일전하는 기틀을 만들 수가 없음을 깨달았다. 즉 사람의 마음속 불안은 자기의 욕망을 채울 수 없을 때, 신명(身命)에 해로운 일을 예감했을 때이며, 가장 큰 불안은 죽음이 눈앞에 닥쳐왔을 때일 것이다. 그 가운데서도 천둥이 치고 광풍으로 깃발이 꺾이고 북이 파손되면 전쟁의 불길한 조짐으로 믿던 그 당시의 인식으로는 불안과 공포를 해소시키는 일반적인 방법은 우선 음양술이나 복술에 의지하는 수밖에 없었다. 그러나 이때 태공은 주위에 이르기를 지금 우리 주나라는 은나라 주왕의 신하에 불과하다. 그런 우리가 주왕을 치는 것은 반역이며 군사를 동원한 그 자체가 벌써 죽을죄를 범하였다. 더구나 주왕은 잔인무도하여 만일 우리가 그를 멸망시키려고 출군했다는 것을 알면 우리를 모두 죽일 것이다. 물러서면 죽음이 눈앞에 있고 나아가면 승리할 기회가 있다. 이 기회를 놓치면 우리는 두 번 다시 출병할 기회가 없다고 설파하여 군중을 자극하였다. 이렇게 되자 군사와 장수들 모두 죽느냐 사느냐의 기로에서 살기 위한 편으로 기틀을 바꾸었다. 그리하여 주나라의 군사들은 늙은 태공의 지휘대로 사생을 결단하여 은의 주왕이 이끄는 대군의 진지로 뛰어들어 승리하였다.

태공은 무왕이 소중히 여기는 점치는 도구(구갑과 댓가지)를 많은 군사들이 보는 앞에서 불살랐는데 과연 명장다운 데가 있다.

그랬던 태공망이 주왕을 멸하고 은나라의 수도로 입성하여서는 사당에서 신을 위하는 성대한 제사를 올렸다. 즉 은나라의 후손인 주왕은 선왕들의 명덕을 버리고 신을 받들지 않고 오직 은나라의 만민을 학대하여 잔인무도한 주왕의 처사에 분노한 상제의 신이 그 명(命)을 고쳐서 주나라에 맡긴다는 것이 신에 올리는 제문(祭文)의 내용이었다. 이것은 태공망이 오랫동안 은나라를 섬겨오던 제후와 백성을 포섭하는 정략술(政略術)의 하나이다.

이처럼 태공망은 때에 따라서는 천관들의 점치는 통을 깨뜨려버림으로써 군사들의 마음을 달래기도 했고, 때에 따라서는 그 천관의 점괘를 받들어서 천하의 민심을 수습하기도 했다.

무왕은 태공의 권유에 따라 주왕의 아들 녹부를 앞세워 은나라의 백성과 일부 제후들을 다스리게 하는 한편 무왕의 아우인 관숙과 채숙에게 녹부를 감시하는 직책을 주어 감시하게 하고, 자신은 태공과 함께 개선하여 풍 땅에 도읍을 세웠다.

13. 구점술(龜占術)

❖ 해설

구점술은 주나라에서 홍범구주를 받아들인 이후에 존재했다는 설과 그 이전에도 구갑(龜甲)으로 복서(卜筮)를 했다는 설이 있지만 그 진부를 가리기는 어렵다.

그러나 댓가지로 복서를 하는 행위는 그 이전에 성행되었음이 많은 고대 문헌에 있으니 그것을 믿을 수밖에 없다.

그러나 홍범구주의 제7강에 거북의 점괘를 친다는 구절이 있다. 당시의 통치가들이 제1강의 오행에서 제9강의 오복과 육극까지를 완수하는 과정에서 자기의 능력으로 판단할 수 없는 것은 7강의 거북점에 의하여 어려운 일을 판단했다.

이러한 제도를 보면 통치가를 하늘처럼 신성시하고 그 지혜를 성지(聖知)라고 했으나, 홍범구주의 9강 중에서 8강에 해당하는 것을 배우고 익혀 깨친 연후에는 비로소 오직 하나의 방편인 점괘를 뽑아서 전단(專斷)할 기회를 잡았다.

이와 같이 고대에는 홍범구주의 거북점이 오히려 군왕들이 통치를 하는 데 구속력이 있었던 것으로 보인다. 또 고대에는 구갑(龜甲)을 재화(財貨) 중의 보옥(寶玉)과 같은 구실을 했던 까닭도 역시 점술과 관련이 있었다고 본다.

이러한 거북점은 주나라 이래 당나라 때까지도 사용되었으니, 그 운용의 묘책을 태종과 이정이 강구하였다.

신의 존재를 인정하던 시대이고, 또 전지전능한 신과 통치가를 똑같이 신성시한 그 시대에 이정은 신에게는 다만 요행수를 빌 뿐이지 모든 것은 인간의 능력과 노력으로만이 이루어진다고 역설하였다.

14. 선장론(選將論)

태종이 물었다.

"지금에 이르러 장수로서는 오직 이적, 도종, 설만철뿐인데, 도종은 황실의 친족이라 논외로 하고 누가 대임을 감당할 만하오?"

이정이 대답했다.

"폐하께서 일찍이 말씀하시기를 이적과 도종은 병사를 써서 크게 이겨보지 못했고, 역시 크게 패하지도 않았지만, 설만철은 만약 이기면 크게 이기고 또 지면 크게 패할 것이라 하셨습니다. 어리석은 신이 폐하의 말씀을 생각하건대 크게 이기는 것도 구하시지 않을 것이며, 역시 크게 패하지 않는 절제 있는 자를 구하실 것입니다. 크게 이기거나 크게 패하는 자는 요행을 좇아서 공을 이루는 자입니다.

그러므로 손무가 이르기를 전쟁에 능한 자는 패하지 않을 곳에 진을 치고 적군의 패할 수 있는 실수를 놓치지 않는다고 했습니다. 이것은 자신을 절제할 능력이 있음을 일컬은 것입니다."

❖ 해설

본 절에는 태종 자신도 늙었고, 이정도 노쇠하여 앞으로 나라의 군권을 맡길 장수를 선발하기 위한 대화로서 병법의 「선장편」에 속하는 구절이다.

태종은 선장의 뜻을 표하면서 이정에게 추천하라는 것이 아니라 태종 자신의 신임이 두터운 이적, 도종, 설만철 세 장수를 거론하면서 도종은 왕가의 근친이라 논할 필요가 없고, 오직 이적과 설만철 두 장수를 놓고 그동안의 공적과 전술 면을 바탕으로 물었다.

이에 대하여 이정은 태종의 말과 손자의 병서를 들어 자신의 견해를 피력했다. 태종은 이르기를 이적과 도종은 아직까지 큰 승리를 거둔 적도 없고 또 대패해 본 적도 없다고 하였고, 설만철은 크게 이길 수도 있지만 크게 패할 수도 있는 장수라고 하면서 세 장수의 사람 됨됨이에 대한 설명을 하였다.

그러면서 이정은 이적과 설만철을 비교했을 때 설만철은 공을 앞세우는 장수라 그런 장수에게 삼군을 맡기면 위태로울 수 있음을 간접적으로 설명하였다.

이정은 돌궐 출병 이래 설만철과 함께 싸워 온 경력이 있어서 잘 알고 있었다. 그러나 이정은 설만철의 인간성에는 언급을 피하고 전술 면을 예로 들면서 손자가 말한 "선전자는 입어

불패지지 하고 이불실적지패야(善戰者 立於不敗之地 以不失敵之敗也)"라는 구절을 인용하여 설만철의 공명 위주와 이적의 끈질긴 면을 지적했다.

이정은 태종이 지난날 이적의 끈질긴 작전술을 목격했고, 또 지난 전투에서 자신을 지극히 호위해준 은공을 생각하여 앞으로 삼군의 군권을 맡기려 함을 모를 리가 없었다. 더욱이 태종은 고구려를 침공하려는 야망을 갖고 있고 이적 또한 같은 야망을 가졌으므로 가장 적격자로 판단했다.

과연 이정이 평가한 대로 태종이 죽은 뒤 이적은 고종의 신임을 받고 삼군의 대장이 되고 설만철은 이에 불만을 품고 역모를 하다가 처형되었다.

훗날 태종이 고구려를 침략할 때 이적은 요동행군총관이 되어 출정했다. 태종의 명을 받은 이적은 20만의 대군으로 안시성을 포위하고 계속 공격하였으나, 명장 양만춘 장군의 성곽 수비가 견고하여 공격할 허점이 없고, 당나라 군사는 피로에 지쳐 있었다.

이때에 연개소문은 요동성에서 적군의 피로와 패할 기회만을 탐지하였고, 양만춘 장군은 불과 5만여 명의 성병일지라도 적군의 형세를 살펴서 패하지 않을 곳을 선택하여 선전했던 까닭에 성병과 성민이 조금의 동요 없이 수비할 수 있었다.

이렇게 수개월 동안 당나라 군사는 공격을 계속하는 사이에 피로가 가중했고, 태종의 준엄한 군령과 독전은 가혹하여 당군 진영이 흐트러지는 허점을 드러냈다.

요동성에서 이와 같은 적군의 허점을 놓치지 않고 관망하던 연개소문은 포위하고 있는 당나라 군사의 배후를 공격했으며, 성 안에서 승리할 기회만 노리던 양만춘 장군도 번개 같이 공격을 감행하여 겹겹이 포위했던 당나라 군사는 괴멸되고 말았다.

이때에 태종은 양만춘 장군의 화살에 눈을 맞아 실명하였으며, 연개소문의 맹렬한 추격을 받으며 수십만 대군을 잃고 발착수를 빠져 달아날 때 연개소문의 부장인 고정의에게 생포될 운명이었으나 이적이 위험을 무릅쓰고 태종의 탈출로를 열어주어 살아났으나 악운은 그치지 않았다. 그렇게 이적은 태종과 함께 고구려에 출정하여 연개소문과 자웅을 겨루었지만 자신의 용병술이 미치지 못함을 알고 연개소문이 죽기만을 기다리는 형세였다.

그 후 이적은 이정의 병서와 전술을 계승하여 크게 승리를 노리지도 않고 또 크게 패전하지도 않으면서 일평생을 고구려 침공의 야망을 버리지 않고 꾸준히 고구려의 변방을 공격하여 교란을 꾀하였다. 이렇게 이적은 25년이란 오랜 세월을 두고 고구려를 정면으로 공략할 생각을 포기하고 오직 패하지 않을 자기의 국경 지방에서 고구려의 북변과 북서변을 침범하는 것으로 그치고 고구려와 싸워서 이길 기회만 노렸다.

그렇게 오랜 세월이 흐르는 동안에 그의 뜻대로 고구려의 영웅 연개소문은 타계했으며, 남쪽에 있는 백제를 멸하여 남북으로 협공하기에 유리한 형세도 이루어졌고, 남생, 남건 형제가 서로 불화하여 공백기를 만들자 이적은 전승할 기회를 포착했다. 그러나 이적은 끈질긴 문벌책에 주력하여 결국은 숙적의 자식인 남생이 드디어 이적의 말발굽 아래 무릎을 꿇고 자기 동생 남건을 쳐달라고 애원하기에 이르렀다. 이적은 이러한 형세의 고구려를 능히 침공할 수 있었지만 대군을 회동하여 평양성을 일거에 공략하는 위험한 전술을 피하여 우선 남생을 앞세우고 서서히 요동 남북갈사(남북만주) 일대를 점령하고 나서 최후에 고립무원의 성지인 평양성을 남북으로 협공하여 고구려를 점령하였다. 이렇게 이적은 80세에 이르러 대군을 이끌고 고구려를 평정하는 데 성공하였다.

15. 절제전술

태종은 이정에게 물었다.

"적군과 아군이 서로 대치하면서도 말로는 싸우려 하지 않을 때는 어떻게 하면 좋은가?"

이정이 대답했다.

"옛날 진(晋)나라 군사가 진(秦)나라를 공격할 때에 두 나라 군사가 말고삐를 당기고 뒤로 물러섰습니다. 사마법에 이르기를 달아나는 적은 멀리 추격하지 말라고 했으며, 말고삐를 추슬러 황급하게 물러가는 적은 추격해도 미치지 못한다 했습니다.

신이 생각하건대 후퇴한다는 의미의 '수(綏)'란 군마의 재갈끈입니다. 우리 군이 모든 절제를 하고 있으면 그 적군도 역시 대열의 행진이 짜임새가 있는데 어찌 경솔하게 싸움을 할 수 있겠습니까? 그러므로 군마의 끈을 다잡고 후퇴하는 적군에게 출군하여 추격하다가 싸우지 않고 퇴각하는 것은 비겁해서가 아니고 서로가 패전을 방지하기 위함입니다.

손자는 말하기를 적군의 진영이 당당하면 공격하지 말 것이며, 적군의 형세가 정병이고 깃발이 정연하면 이를 맞아 싸우지 않는 것이 좋다고 하였습니다. 서로의 병세가 균등한데 만약 경솔하게 순간적인 실수를 저지르면 적이 그 기회에 편승하여 공격해오면 혹시나 대패를 할지도 모를 일입니다. 군사를 쓰지 않는 이치가 바로 그렇습니다.

그러므로 이러한 때 싸우지 않는 용병술도 있으며, 반드시 싸워야 할 때가 있습니다. 모름지기 싸우지 않는 선택권은 나에게 있고 반드시 싸워야겠다는 선택권은 적군에게 있습니다."

태종이 다시 물었다.

"싸우지 않을 선택권이 내게 있다는 것은 어떤 것을 일컫는 말이오?"

이정이 대답하였다.

"손자가 말하기를 내가 싸우려 하지 않을 때는 땅 위에 금만 그어 놓아도 방비가 되며, 내가 적과 더불어 싸우지 않는 것이 적은 그때 자신을 허물까 두렵게 여깁니다. 적군에 명장이 있다면 서로가 말고삐를 다잡고 후퇴할 때에도 허약한 점을 찾아서 공략을 도모하지 못할 것입니다. 그래서 싸우지 않을 선택권은 내게 있으며, 대체로 반드시 싸우려는 선택권은 적군에게 달려 있습니다. 손자가 이르기를 병사를 잘 아는 장수가 짐짓 불리한 척하며 적에게 미끼로 유인하면 적은 반드시 그 계략에 말려들게 마련이라고 하였습니다. 적군이 형세에 따라 반드시 움직일 것이고 나는 적군의 움직임에 따르지만 다소의 이(利)

로써 적을 움직이게 하며 자신의 병진만은 본래대로 정비하여 기다립니다. 이때 적군에 명장이 없으면 반드시 공격해 올 것이요, 나는 그때에 적군을 깨뜨릴 기회에 편승하여 격파합니다. 그러므로 싸우는 것은 반드시 적에게 달려 있습니다."

태종은 만족한 표정을 짓고 말했다.

"절제 있는 용병술이 참으로 심오하오. 그러므로 그 법을 터득하면 번창할 것이요, 그러한 법도를 잃으면 망할 것이로다. 경은 역대 명장들의 절제 있는 병술과 도표를 구비하여 짐에게 가져오시오. 짐은 그 가운데서 정밀한 것을 가려 후세에 전할 것이오."

이정이 말했다.

"신이 지난날에 황제와 태공의 두 진도와 아울러 사마법, 제갈량의 기정의 법도를 폐하께 드린 적이 있습니다. 그것들은 모두 정밀을 다한 것이며 역대의 명장들 가운데에는 역시 한두 가지를 쓰고서도 공을 이룬 자가 많습니다. 다만 사관(史官)들은 병법을 아는 자가 지극히 드물어서 실제로 싸운 그 사실과 자취를 기록하지 못했습니다. 신이 감히 폐하의 황명을 받들지 않을 까닭이 있겠습니까? 곧 편찬하여 올리겠습니다."

❖ 해설

적군과 아군이 대치하였을 때 서로 싸울 형세가 되지 못할 때와 싸우려고 할 때 어떻게 하면 좋을지를 태종이 이정에게 물었다.

이정은 이에 대하여 옛날 진(晋)나라가 진(秦)나라를 치려 할 때 양군이 서로 대치하였지만 서로 싸우지 않고 말고삐를 잡아 당겨서 달아날 태세를 갖추고 퇴각했던 예를 들었다. 이정은 이를 교수이퇴(交綏而退)라 했다.

수(綏)란 말고삐 혹은 수레의 끈 등을 일컫는 말이니 서로가 말의 고삐나 수레의 끈을 다잡고 달릴 태세를 갖추었다는 뜻이다. 양군이 서로 대치한 진영에서 삽시간에 먼 거리까지 달릴 수 있어서 만일 한편에서 퇴각하는 것처럼 꾸며 물러가다가 상대방을 추격할 수도 있지만 실제로 그것이 어려움을 설명하였다. 결국 상대방을 후퇴시켜 놓고 달리는 적군을 추격한다면 벌써 적은 달아날 준비를 하고 달리는 것이므로 상당한 거리가 생기고 그러한 상황에서 적을 추격하려면 오히려 추격하는 편이 더욱 피로할 것이 분명하다. 또 한편으로 적군이 달아나는 체하고는 복병 등으로 기습해 올지도 모른다. 그러므로 이럴 때는 적을 추격하다가 오히려 패하는 것을 방지하기 위하여 서로가 추격하지 않음이 좋다고 했다.

이에 대하여 이정은 다시 손자의 병법을 인용하여 양군이 서로 균등하고 그 진영이 정돈되어 깃발이나 금고(金鼓) 소리가 당당할 때는 공격하지 말라고 했다.

이런 것은 모두 앞에서 말한 순간적인 실수가 큰 패전의 원인이 될 것을 염려하고, 또한 군사를 공연히 남용하여 피로해지는 것을 방지하기 위한 조치이다.

양군이 서로 대치했을 때 싸우지 않는 것은 오직 내게 있으며, 어쩔 수 없이 싸우게 되는 것은 적에게 있다고 했다. 즉 내가 아무리 싸우지 않으려 해도 적군이 먼저 싸우려고 하면 후퇴하는 편에서도 싸우지 않을 수가 없기 때문이다. 이렇게 싸움의 선택은 반드시 적군에게 있지 이쪽에 있지 않다. 이때 장수는 병사와 형세를 절제 있게 잘 조종했다가 만일 적군의 형세가 혼란해지거나 피로한 틈이 있다면 절제 있는 군사로써 전격적인 속공을 감행하면 추격하느라 피로에 지친 군사를 일격에 격멸할 수 있다.

태종은 이정의 말을 듣고 심오한 전술을 찬양하면서 아울러 역대의 명장들 가운데서 절제 있는 병술을 가려서 편찬해 주면 그것을 후세에 길이 남겨서 병사에 만전책을 강구하겠다고 하였다. 이에 대하여 이정은 황제, 태공, 사마법, 제갈량 네 사람의 병법을 추천했다. 그 가운데서도 제갈량의 기정병(奇正兵)술이 가장 절제 있는 용병술로서 정밀의 극치를 이룬 병법이라고 권장했다.

우리나라의 명장 을지문덕은 병사의 절제에서 제갈량이나 사마양조가 미치지 못할 정도로 정밀하고 능숙했다. 장군은 수 양제의 1백 12만 대군과 요하에서 대치하였을 때 수나라 장수 우문술이 이끄는 병세가 너무도 막강하여 싸워서는 안 됨을 깨달았다. 을지문덕 장군이 맞싸움을 피한 것은 패할 것이 분명하기에 패하지 않기 위해서였다.

그리하여 장군은 막강한 적군을 유인하여 중지(重地)로 끌어넣어서 적군을 굶주리고 또 피로한 형세로 만들려는 수퇴(綏退) 작전을 썼으니, 말고삐를 추켜올리고 퇴각을 계속했다.

그러면서도 무작정 퇴각만 한 것이 아니라 수퇴 작전을 잘못하여 적군이 요동방면의 성지를 점령하면 식량이나 모든 군용물자를 현지에서 보급하는 결과가 되고 이것은 객이 주인이 되는 형국이 되므로 을지문덕 장군은 요동의 끝인 요하에서 2천여 리나 되는 먼 거리에도 지치지 않고, 항상 말고삐를 추켜들고는 대진하여 결판을 낼 듯하다 다시 퇴각하는 계략을 썼다. 형세가 이에 이르니 수나라군은 군사를 분산했다가는 언제 기습을 받을지 모르는 까닭에 백여만 대군을 모두 합쳐서 추격해 왔다.

이것은 을지문덕 장군의 용병술이 뛰어나서 수나라의 백만 대군을 그의 마음대로 조종했다고 할 수 있다. 한편 수나라의 입장에서 보면, 고구려의 을지문덕이 싸움을 할 생각은 없이 계속 달아나기만 하니 고구려의 평양성을 점령하는 것도 목전에 있는 것 같았다. 그리하여 수나라의 양제는 고수전의 양상을 검토해본 후 연전연승하는 우문술의 군대를 원군할 필요를 느끼지 않아서 오직 평양성 공략에 중점을 두고 군사를 투입했다.

형세가 이에 이르니 수군의 내호아 장군 등은 요동 해안에 있던 수군을 총동원하여 평양성에서 1백여 리 떨어진 남해포 일대로 집결하여 대장 우문술이 평양성에 도착하기만을 기다렸다.

그러나 을지문덕장군은 우문술의 대군을 평양성에서 북방 3백여 리 지점인 살수에서 수공(水攻)으로 전멸시켰다. 이것은 당시 고구려의 전략이 시종일관 정밀한 절제술이라 할 수 있다. 즉 이것은 고구려의 계략이 수나라 군사를 고려(孤旅)를 만드는 데 성공한 작전이다. 만일 살수까지 유인한 수나라 군사를 수공법으로 태반을 살상하지 못하여 우문술의 대군이 내호아의 수군과 합류하였다면 평양성을 지키지 못했을 수도 있다. 그러나 우문술의 군사와 내호아의 군사를 합류시키지 않고 떨어뜨리는 전술을 써서 수나라 군대를 외로운 군사로 만들어 고려 작전에 성공하였다.

(단재(신채호) 선생은 당시에 고구려의 군중에는 강이식, 왕제 건무(영류왕)의 무공이 『해상잡록(海上雜錄)』 등에 수록되

어 있는 것을 발견하고 거론한 바 있다.)

어쨌든 고구려의 병술은 절제의 극치를 이룬 전술로서 전무후무한 용병술이다.

16. 상중하책

태종이 물었다.

“누구의 병법이 가장 심오하오?”

이정이 대답했다.

“신이 상고해보면, 세 등분으로 나눌 수 있습니다. 병법을 배우는 자는 점점 깊은 경지에 이르게 됩니다. 손자의 『손자병법 · 시계편』에 첫째가 도(道)요, 둘째가 천(天) · 지(地)이며, 그 셋째가 장(將) · 법(法)이라 했습니다.

무릇 도라는 말은 지극히 정밀함에 이르는 것이며, 『주역』에서의 총명한 예지를 일컫는 것으로서 사람을 죽이지 않고 이기는 신무(神武)가 이것입니다. 또한 천이라는 말은 음양을 일컫는 것이며, 지(地)라는 말은 땅이 험난하고 평탄함을 일컬음입니다. 그리고 용병을 잘 한다는 것은 음으로써 능히 양을 빼앗을 수 있으며, 험난한 곳에서 안전한 곳을 공략할 수 있음입니다. 맹자가 말한 하늘의 때(天時)와 땅의 이(地利)는 이것을 일컬은 것입니다. 무릇 장이란 사람을 잘 임용함이고, 법이란 이로운 기구를 다루는 데 있습니다. 『삼략』에서 훌륭한 인재를 얻으면 번영한다고 한 것이 그것이고, 관중이 반드시 견고한 병기를 이용하라고 한 것이 바로 이것입니다."

태종이 이정의 말을 듣고 자기의 의견을 말했다.

"그렇소. 내가 생각하건대 싸우지 않고 적군을 굴복시키는 것을 상등(上等)이라 할 것이오. 백번 싸워서 백번을 이기는 자를 중등(中等)이라 할 것이오. 높은 성벽을 쌓아올리고 참호를 깊이 파고 스스로 수비하는 자를 하등(下等)이라 할 것이오. 이런 것을 헤아려 구분한 손무의 저서는 이상의 3등분을 고루 갖춘 것이 아니겠소?"

이정이 태종의 물음에 대답하였다.

"옛사람의 글을 보고 그들의 지난 발자취를 보면, 역시 차별이 납니다. 장량, 범려, 손무 같은 이는 세상을 초연하여 높은 공을 세우고는 스스로 물러나 간 곳조차 모르게 하였는데, 이도를 알지 못하고서야 어찌 능히 그렇게 할 수 있었겠습니까? 악의, 관중, 제갈량 같은 이는 싸우면 반드시 이기고 수비할 때 반드시 견고했는데, 천시와 지리를 잘 살피지 않고서야 그렇게 능히 할 수가 있었겠습니까? 그 다음에 왕맹은 진(秦)나라를 보전하고, 사안은 진(晋)을 잘 지켰는데, 재능 있는 장수를 잘 선택하여 성지를 보수하고 견고한 병기를 스스로 갖추지 않고서야 어찌 그렇게 될 수 있겠습니까? 그러므로 병법을 배워 익히는 데에는 반드시 하등에 이르러 배우고 익히면 중등에 이르고, 중등에 이르러 배우고 익히면 상등에 이르게 되어 점점 심오해질 것이 아니겠습니까? 그렇지 않고 빈말이나 하거나 기억하여 암송이나 하는 무리들에게는 족히 취할 바가 없을 것입니다."

태종이 말했다.

"도가들은 3대에 걸쳐서 장수되는 것을 꺼린다 하오. 그러므로 병서를 함부로 전할 바는 아니오. 그렇다고 전하지 않아도 안 될 것이오. 경은 신중히 생각하여 전할 사람을 택하오."

이정은 태종에게 재배하고 물러 나와서 자신이 갖고 있던 모든 병서를 이적에게 전했다.

❖ 해설

본 절은 태종이 이정에게 병법 가운데서 누구의 병법이 가장 심오한지를 물었고, 이에 대하여 이정은 셋으로 등분하여 설명하였다.

그 당시에는 1백 50여 가류(家流)의 병법이 있었고, 또 그와 유사한 책자들이 있었을 것으로 생각된다.

이정은 손자의 『손자병법 · 시계편』에 나오는 경지이오사(經之以五事)인 도(道) · 천(天) · 지(地) · 장(將) · 법(法)의 5개 사항을 도(道), 천지(天地), 장법(將法)으로 3등분하여 설명했다.

그러나 엄밀하게 해석하면 천·지를 한 등분으로 묶은 것은 하나의 개념적이지 본질은 아니다. 하늘은 천문학 혹은 기상학에 속하는 동시에 나라에 비하면 군왕의 형세를 가리키는 것까지가 모두 천(天)에 속하며, 땅은 지세의 험준함이나 또 평탄함을 아는 것뿐만 아니라 그 나라의 인구 밀도며, 땅을 이용하는 경제 상황의 전반이 지리(地利)에 속한다. 그러므로 이렇게 광범위한 두 개의 문제를 하나로 만든 것은 어디까지나 이정 자신의 추상적인 해석으로 보이는 동시에 손자 이후의 병가에서 흔히 쓰이던 학설이다.

군사학을 배우는 법도 처음에는 알기 쉬운 하등급에 속하는 것을 배워서 그 학문을 체득하면 그 다음에는 중등급에 이르고, 그 중등급의 학문을 체득하여 이치를 깨우치면 그 다음에는 최상등급의 병법을 배우는 절차가 가장 좋다고 했다. 이것은 손자의 『손자병법·시계편』의 경오사(經五事)만 일컬은 것이 아니고 병법을 배우려는 모든 자는 이런 교육과정을 실시하라는 뜻이다.

이 말은 태종이 누구의 병법이 좋으냐는 질문에 동문서답 같지만 사실은 그 질문과 연관성이 있다. 병법을 평하여 좋고 조악한 것을 알려면 우선 병법은 물론 실제로 병사를 소상하게 알지 못하고서야 어찌 누구의 병법이 어떻다고 평가할 수 있겠는가?

그래서 이정은 먼저 황제인 태종이 많은 장수를 교육하고 습득할 방안을 제시한 것으로 볼 수 있다. 그것은 태종은 군왕이기 때문에 병법의 호악을 구별하는 것도 중요하지만, 그보다는 먼저 장수들을 통솔하는 장수의 장수로서 장수를 교육하여 좋은 인재를 육성하는 데 주안점을 두도록 한 것이 분명하다.

본 절의 문사(文辭) 중에 『삼략』의 구절을 인용했는데 앞에서도 논한 바 있으나 『삼략』은 송나라 때에 장상영이 발굴했다는 것으로 보아서 『이위공문대』도 송나라 때 사관들이 수정한 것으로 미루어 생각할 수 있다.

태종이 다시 묻기를 상등에 해당되는 것은 싸우지 않고 상대방을 굴복시키는 것이며, 중등에 속하는 것은 백전백승이요, 성읍의 성벽을 높이 쌓아올리고 참호나 성곽의 도랑을 깊이 파고 예리한 무기를 갖추어 수비를 잘하는 것을 하등이라 했다.

이에 대하여 이정은 장량, 범려, 손무를 상등에 속하는 병가라 했다.

장량은 한 고조를 도와서 한나라를 통일하는 데 큰 공을 세웠으나 그는 평소 즐겨 읽던 『소서(素書)』에 기호를 끊고 욕을 금하는 것은 누화를 제거하는 바(嗜好範慾禁累禍除去之所以)라고 한 것을 실행하였다. 후세 사람들이 말하기를 장량은 능히 한 고조로부터 구석(九錫)의 품수를 받아 누릴 수 있었지만 한신, 팽월 등 공 있는 동지들이 참형당하고 또 소하 같은 인물도

옥에 갇히는 현실을 꺼려서 상산(商山)의 신선이 되었다고들 한다. 이렇듯 장량은 황석공에게서 받은 『소서』와 『삼략』에서 인간으로서 초연한 철학을 배웠다. 그는 자신이 즐기는 것을 끊으면 욕되는 일도 없고, 모든 환이 제거됨을 일찌감치 알고 높은 벼슬과 영화를 탐하지 않았다.

범려는 월나라에서 대공을 세웠지만 재상 자리를 초개같이 던지고 저자의 미인과 더불어 숨어서 일생을 지냈다.

손자도 오왕을 도와서 초를 격파하였으나 나라의 중책을 맡지 않고 오히려 그 자취를 감추어 초야에 숨어서 살았다.

이상의 세 사람은 탁월한 병술을 갖고 있었으나 오직 대의를 위하여 만부득이할 때만 그것을 사용했으며 자신의 영달이나 욕심을 채우기 위해서는 추호도 쓰지 않았다. 만일 그 출중한 지혜와 능력을 전쟁이 끝난 뒤에도 그 군왕을 위하여 행사하거나 자기 나라 백성을 다스리는 데 썼다면 입신출세는 얼마든지 하였겠지만 그것은 모두 궤도에서 얻은 것으로 여겨 단념하고 그들은 공을 세운 그날부터 초야에 묻혀 살았다. 따라서 이정은 장량, 범려, 손무 세 사람을 상등이라 했다.

그 다음에는 악의, 관중, 제갈량을 중등이라 했다.

그들은 싸우면 반드시 이기고 수비가 견고했었던 것은 천시와 지리를 잘 살피고 변화무쌍한 용병술을 가졌기 때문이다. 물론 악의도 그의 지혜로써 허물없이 지냈지만 관중과 공명은 모두 한 군주 밑에서 출장입상했으며 고종명(考終命)한 인물들이다.

그러나 후세의 평론가들은 관중과 공명 모두 군왕을 섬기는데 자신의 한 대까지는 그 지혜로 수습할 수 있었지만, 자신의 뜻을 이을 인물을 남기지 못했던 것을 탓하기도 한다. 실제로 관중은 그가 죽은 후 그의 뜻을 이어받을 인물이 없어서 결국 제나라는 혼란해졌으며, 공명이 죽은 후 병사관계로는 강유(姜惟)가 있었지만 2대 왕인 유선을 보필하여 조정의 사무를 맡을 인물이 없어서 촉은 곧 멸망했다. 이것은 국가의 천년대계를 세워야 할 정치가적인 안목이 없었기 때문인지도 모른다.

이정은 끝으로 부견을 도와 진(秦)나라를 보전한 왕맹과 진(秦)나라의 공략을 막고 진(晋)나라를 방비한 사안을 예로 들었다. 물론 이들은 성벽을 견고히 하고 참호를 깊이 팠으며 또 병장기를 예리하게 하는 등 스스로 군비 확장에 힘썼다.

이처럼 상등에 해당하는 이들을 제외하면 중등이나 하등의 범주에 드는 인물은 그래도 가끔은 볼 수 있다고 하였는데, 이것은 이정의 견해일 따름이다.

태종이 도가에서는 삼대에 걸쳐 장수가 되는 것을 금한다고 했다. 이것은 당시에 도가들이 살생을 금하고 자연을 파괴하는 것을 기피했으니 장수가 되어 침략이나 살생을 꺼렸던 것은 당연한 이치이다.

태종은 자신의 국내에서는 도가들을 꺼리면서 병법은 권장했다. 그런 그가 병사를 꺼리는 도가들을 고구려, 신라, 백제, 돌궐, 안남 등 변방에 많이 보낸 것은 그들이 무력에 힘을 쏟지 못하게 하려는 한 계략이었다.

그러면서 이정은 태종의 뜻을 받들어 동방도모에 기여할 심오한 병서를 모두 이적에게 전했다.